혼자

일러두기

· 특정한 반점, 온점, 〈 〉, _의 사용은 저자 강조이다.

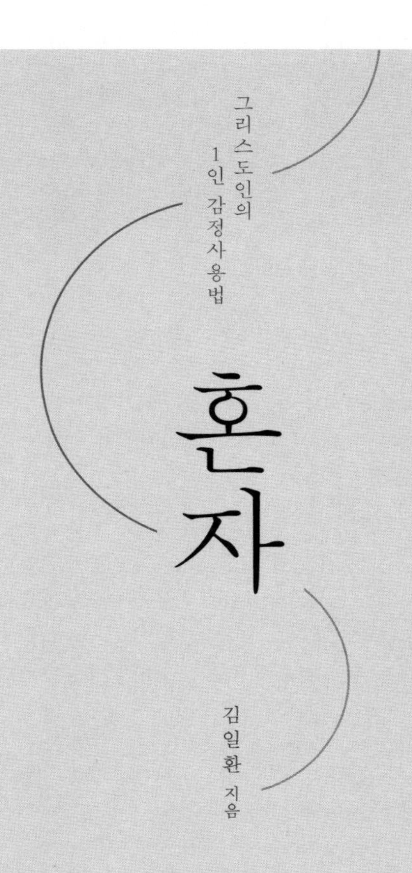

그리스도인의
1인 감정 사용법

혼자

김일환 지음

규장

alone

30대, 40대
그리고 50대라는 우주에서
실오라기 하나를 찾고 있는
그대를 위해…

시대가 설익었다. 책상의 문법들은 또렷하고 정확한 로직logic을 말하지만, 설익은 시대는 28개의 자음과 모음으로 대변할 수 없는 풍경이 있다고 말한다. 두리뭉실한 모양들 말이다. 설교는 해찰궂다. 구석진 공간에서 살아가는 이들이 더 많이 있건만, 그들을 위한 성경적 대변은 없다. 모든 이들이 중앙으로, 고속도로로 편입하는 것만이 시온의 영광glory of zion이라 열변한다. 아득한 절망을 넘어, 겨우 오늘을 살아가는 현존들이 존재하지만, 이들을 위한 노래는 오직 시인의 몫일 뿐이다. 그러나 시인은 점점 희귀하여서, 작은 이들을 위한 노래를 지을 때마다 시대의 천대를 받을 뿐이다. 그래, 시인이 글을 쓸 자리가 없다. 그러니, 구석진 공간에 두리뭉실한 아픔을 가지고 있는 이들이 발견될 리가 없다. 나는 그런 이들을 위해서 책을 쓰고 싶었다.

그런 이들은 누구일까? 나는 〈혼자〉로 살아가는 사람들이라고 생각했다. 우리가 사는 이 세상은 더불어 사는 세상이지만, 홀로 지내는 이들이 너무나 많다. 그리고 홀로 있는 이들이 가지는 아픔과 외로움, 자신감과 자긍심을 대변해주는 예언자들이 적다. 그래서 이들이 마치 잘못된 삶을 산 것처럼 훈계한다. 시대의 문법도 교회의 맞춤법도 말이다. 그러나 시대를 초월하고 교회를 초연하는 성경도 그렇게 말할까? 혼자 지내는 이들이 정말 잘못되었다고 말할까?

다투는 여인과 함께 큰 집에서 사는 것보다
움막에서 혼자 사는 것이 나으니라
잠언 25장 24절

… 아브라함이 혼자 있을 때에
내가 그를 부르고 그에게 복을 주어 창성하게 하였느니라
이사야 51장 2절

무리를 보내신 후에 기도하러 따로 산에 올라가시니라
저물매 거기 혼자 계시더니
마태복음 14장 23절

내 생각에는 이것이 좋으니 곧 임박한 환난으로 말미암아
사람이 그냥 지내는 것이 좋으니라
고린도전서 7장 26절

성경은 혼자 살아가는 귀중한 의미와 방향을 이야기한다. 심지어 그것이 복이 있고, 그렇게 지내라고 권면까지 한다. 무엇보다 성경의 교과서인 예수와 바울은 그렇게 혼자 평생을 살아갔다. 그런 예수와 바울이 잘못된 삶을 산 것이겠는가? 예수와 바울이 성경의 요구를 무시한 것이겠는가? 결코 그렇지 않다. 그들은 기독교 신앙의 참된 진수를 몸으로 소화한 이들이다. 하나님은 그런 이들에게 자신의 공간을 내어주셨다. 그래서 자신의 아들의 이름을 임마누엘로 표현하신 것 아니겠는가. 번역한즉, 나와 함께하시는 하나님 아니겠는가(마 1:23).

나는 혼자 지내는 이들을 위해 이 책을 만들었다. 혼자로서 기진맥진한 이들에게 희망과 소망의 언어를 주고자 시인으로서 글을 써보았다. 시의 묘미는 해석학이기에, 어떤 이들에게는 수수께끼 같은 글이지만, 또 어떤 이들에게는 수수戍守* 깨기 같은 글이 되었으면 좋겠다. 그래서 그들에게 어떤 모양이든 조금이나마 보탬이 되고자 한다. 그렇다면 다

* 정해진 것들. 경계 지키는 병사.

이룬 것이리라.

한여름 밤 동안 보이지 않는 빛을 좇으며 글을 썼다. 동방박사의 심정이 조금은 이해가 되는 여름밤이었다. 이런 글이 빛을 보게 도와주신 규장 출판사 여진구 대표님과 편집팀에 감사를 표현한다.

오늘의 나와 나의 오늘 사이에 함께하는 〈우.리.가.본.교회〉 소소한 식구들에게 감사를 전한다. 담임 전도사로서 여전히 부끄럽지만, 나에게 서시를 알려준 이들이다. 절망 속에 희망 읽기를 알려주신 서울신대 박영식 교수님과 친구 같은 제자들 김삿갓에게, 무엇보다 동역자로 불러주신 태현, 찬윤, 수진에게 고마움을 전한다. 한결같은 지지와 응원으로 부족한 나를 지원해주시는 분들이다.

끝으로 나의 아내 해라와 배 속에 있는 나의 딸 미소에게 머리 숙여 감사를 전한다. 살아갈 이유를 준 유일한 존재다.

차례

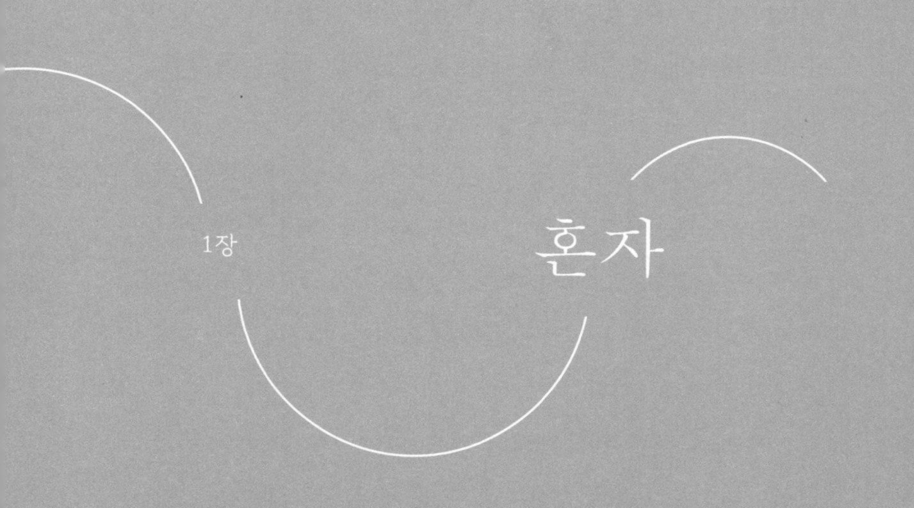

1장

혼자

공통점

이 글을 쓰는 저와 이 글을 읽는 그대와 유일한 공통점이 있다면 그것은 〈교회〉를 다닌다는 점일 것입니다. 그리고 소박하게나마, 한 걸음 더 나아가 공통점을 더듬어본다면, 그것은 나름의 기준에서 갖는 〈신앙〉을 소유한 것일 것입니다. 그런데 이 공통점은 참으로 우주적인 힘을 가지고 있어서, 우리를 모든 순간에 하나가 되게 하기도 하고, 함께가 되게 하기도 합니다. 그래서 이 책은 서로 다른 우리가, 우주적인 공통점으로 하나가 되며 함께가 되기를 바라는 마음으로 쓰는지 모르겠습니다.

우리의 공통점에 관해서 계속 이야기를 해보려고 합니다. 우리가 다니는 교회는 참으로 재미있는 성격을 가지고 있습니다. 그 방대한 생물의 독특한 성격과 괴이한 특징을 이 책에서 온전히 적을 수 없지만, 한 가지만 감히 말해본다면 그것은 〈팬옵티콘〉panopticon 감옥* 같다는 것입니다. 이 단어는 그리스어로 전체를 뜻하는 'pan'과 바라본다의 뜻의 'opticon'이 합쳐져서 만들어졌습니다. 이 감옥은 모두가 모두를 보고 있는 특징이 있습니다. 그것이 곧 감시가 되는 것이겠죠? 즉, 팬옵티콘에서는 감시자 없이도 죄수들 자신이 스스로를 감시합니다.

우리의 공통점인 교회는 이런 성격이 확실하게 있습니다. 그래서 개개인에 대해서 '관심'과 '사랑'이라는 이름과 모양으로 우리는 '감시'와 '사망'을 받기도 합니다. 그 대표적인 것 중 하나가 개인의 〈인적 사항〉인 것 같습니다. 10-20세가 되기 전에는 대학에 관해서 묻습니다. 20-30세가 되어서는 직장과 연애에 대해서 묻습니다. 30세가 넘어서는 오직 결혼에 대해서 묻습니다. 그리고 적절한(?) 대학과 직장과 연애와 결혼을 하지 못한다면, 마치 신앙생활을 잘못한 증거처럼 몰아세우기도 합니다. 그대도 한번쯤 경험해보셨죠?

그러나 침착하게 성경을 읽어보면, 예수가 꿈꿨던 모임은 이런 성격은 아니었습니다. 예수가 꿈꿨던 모임은, 오히려 오늘날의 언어로 대학과 직장과 연애와 결혼을 잘 못한

•
원래는 죄수를 감시할 목적으로 영국의 철학자이자 법학자인 제러미 벤담(Jeremy Bentham)이 1791년 처음으로 설계하였다. 이 감옥은 중앙의 원형 공간에 높은 감시탑을 세우고, 중앙 감시탑 바깥의 원둘레를 따라 죄수들의 방을 만들도록 설계되었다. 또 중앙의 감시탑은 늘 어둡게 하고, 죄수의 방은 밝게 해 중앙에서 감시하는 감시자의 시선이 어디로 향하는지를 죄수들이 알 수 없도록 되어 있다. 이렇게 되면 죄수들은 자신들이 늘 감시받고 있다는 느낌을 가지게 되고, 결국은 죄수들이 규율과 감시를 내면화해서 스스로를 감시하게 된다는 것이다. 그러나 벤담이 설계한 뒤 주목받지 못하다가 1975년 프랑스의 철학자 미셸 푸코(Michel Foucault)가 그의 저서 《감시와 처벌Discipline and Punish》에서 팬옵티콘의 감시 체계 원리가 사회 전반으로 파고들어 규범 사회의 기본 원리인 팬옵티시즘(panopticism)으로 바뀌었음을 지적하면서 새로운 주목을 받기 시작했다.

(?) 이들도 너무나 귀하고 아름다운 사람임을 말해주려는 모임이었습니다.

그대가 어떤 사람이고, 어떤 신앙을 소유했고, 어떤 교회에 있는지는 모르겠습니다. 그러나, 그대가 팬옵티콘 같은 교회에서 그대의 고유한 **대학과 직장과 연애와 결혼에 대해서 끝없이 감시를 받고 증명해야 하며 인정받아야 하는 구조에 있다면,** 그것은 예수가 꿈꾸었던 공동체는 아니라는 점만 알아두었으면 합니다. 공동체뿐만 아니라 개인에게도, 예수가 우리에게 원하는 모습도 아니라고 정.확.하.게. 말하고 싶습니다.

존재론

저는 성서 신학자도 아니고 조직 신학자도 아니기에, 〈인간〉은 어떤 존재라고 감히 정돈해서 말할 수 없습니다. 그러나 성경에서 구약의 최초의 인간으로 표현되는 〈아담〉이 홀로 등장했다는 점은 말하고 싶습니다. 언뜻 보기엔 아담이 지어지고 나서 바로 〈하와〉가 지어진 것 같지만, 사실 그 시점이 언제인지는 정확하게 말할 수 없습니다. 그 어떤 성서학자도 그 지점을 증명할 수는 없습니다. **가장 중요한 것은 정확하게 천지창조를 하신 하나님이, 또한 동일한 정확함**

으로 인간을 〈홀로〉 이 세상에 출현시켰다는 것입니다. 그렇다면 한 가지는 분명합니다. 인간이 〈혼자〉 있다는 자체가 그 어떤 흠이나, 어떤 결함이나, 어떤 오류는 아니라는 것입니다.

그렇다면 혼자 있는 아담에게 하나님이 시키신 일은 무엇일까요? 성경을 봅시다.

여호와 하나님이 그 사람을 이끌어
에덴동산에 두어 그것을 경작하며 지키게 하시고
여호와 하나님이 **그 사람에게 명하여 이르시되**
동산 각종 나무의 열매는 네가 임의로 먹되

창세기 2장 15,16절

여호와 하나님이 흙으로
각종 들짐승과 공중의 각종 새를 지으시고
아담이 무엇이라고 부르나 보시려고
그것들을 그에게로 이끌어 가시니
아담이 각 생물을 부르는 것이 곧 그 이름이 되었더라
아담이 모든 가축과 공중의 새와 들의 모든 짐승에게
이름을 주니라 아담이 돕는 배필이 없으므로

창세기 2장 19,20절

혼자 있는 아담에게 주어진 일은, 꽤 막중한 일이었습

니다. 그것은 에덴동산의 모든 것을 관리하고 경작하는 일과 모든 것을 작명하는 것이었습니다. 현대인인 우리에게는 농업의 경험도 없고, 아이를 출산해보지 않았기에 이름을 지어본 경험도 별로 없지만, 우리는 알고 있습니다. 이 모든 것들은 참으로 쉬운 일이 아니라는 것입니다. 또한 이것은 꽤 많은 물리적인 시간을 필요로 한다는 점입니다.

중요한 것은 이 모든 것을 아담이 홀로 수행한 뒤, 나중에야 더불어 사는 하와가 등장했다는 것입니다. 아담은 얼마나 오랜 시간 혼자 있었을까요? **어쩌면 기독교는 〈혼자〉인 것을 먼저 배워야 하는 종교인지도 모르겠습니다. 그것이 정확하게 천지를 창조하시고, 동일한 정확함으로 인간을 〈홀로〉 출현시킨 하나님의 의도인지도 모르겠습니다.**

시선 집중

이 글을 읽는 그대는 혼자인가요? 아니면 항상 옆에 누군가가 있나요? 뭐 상관이 없습니다. 그러나 확실한 것은, 하나님은 인간이 홀로 서는 법을 배우길 원하신다는 것입니다. 만약 그대가 적절할 나이지만(?) 여전히 혼자라면, 그것은 잘못된 것이 아닙니다. 또한 잘 못하는 것도 아닙니다. 혼자라는 무게감으로 그 어떤 불안함을 가질 필요가 없습니다.

왜냐면, 하나님은 인간을 혼자로 창조하셨기 때문입니다. 그렇기에 중요한 것은 "나는 혼자라는 사실이 아니라, 혼자로서 나는 무엇을 하고 있느냐"입니다. 그래서 또 묻습니다. 그대는 혼자 무엇을 하시나요? 그대는 혼자라는 존재감을 어떻게 생각하시나요? 또 혼자라는 시간을 어떻게 생각하시나요?

많은 사람이 혼자됨을 불안해합니다. 또 지금 혼자라는 사실과 이제 혼자가 되었다는 사실에 뭔가 움츠러듭니다. 그 이유는 주로 타인들의 〈시선〉 때문일 것입니다. 그 시선에 담겨 있는 수많은 언어가, 우리의 마음을 괴롭게 하기 때문입니다. 그래서 그런 시선을 탈피하려 거짓말도 하고, 도주도 하고, 도피도 합니다.

그러나 그거 아시나요? 우리가 원하지 않는 그런 시선들은 언제나 어디서나, 항상 있다는 사실을요. 그대가 누군가와 함께하는 둘이 되고, 가정을 이루고, 번듯한 직장을 얻고, 화려한 자동차를 타도, 그대가 원하지 않는 시선은 항상 있습니다. 즉, 그대가 어떤 사람이 되어도 그런 시선은 항상 존재하는 것입니다. 그렇기에 먼저 그대는 한 가지를 확실히 해야 합니다. 그것은 혼자라는 것을 극복하기보단, 그런 나를 바라보는 무언의 "시선을 극복해야 한다"는 것을요.

시선에게 말하라

그렇다면 나를 향해 다가오는 이런 시선은 어떻게 극복할 수 있을까요? 또 우리의 우주적인 공통점인 팬옵티콘 감옥 같은 교회의 구조를 어떻게 극복할 수 있을까요? 사실 현명한 사람들은 이미 알고 있겠지만, 교회 안의 제도적인 방법과 인문학적인 교육과 교인들의 교양 수준을 철저하게 교육한다고 해도 그대를 향한 이 시선을 극복할 수는 없습니다. 왜냐고요? 그 이유는 두 가지입니다. **첫 번째, 나를 바라보는 이 시선은 교회의 2천 년 역사상 항상 존재해 왔기 때문입니다.** 교회의 중요한 기능 중의 하나가 바로 〈성도의 교제〉 sanctorum communio입니다. 쉽게 이야기하면 이런 것들입니다.

"김 권사 아들이 이번에 삼성에 들어갔대"
"박 집사 딸이 이번에도 공무원 시험에 떨어졌대,
벌써 4년째야"
"이 장로 사위가 이번에 사고를 크게 당했다네,
알고 보니 음주 운전이래"
"강 권사님 손녀가 이혼을 한대,
그동안 결혼생활이 다 가식이었나봐?"

사실, 이런 소리는 여러분이 한 번쯤은 교회에서 들어보았을 것입니다. 이름으로 존재하지도 않는 "김 권사 아들",

“박 집사 딸”, “이 장로 사위”, “강 권사 손녀” 들의 사연이 항상 우리 귀에 들려옵니다. 저는 가끔 생각합니다. “이런 사람들은 실제로 존재하는 걸까?” 왜냐면, 교회생활을 하는 내내 쉬지 않고 들려오기 때문입니다. 한때 대한민국에 유행했던 말이 있습니다. 바로 ‘엄.친.아.’입니다. 이 말은 “엄마 친구 아들”이라는 줄임말로서, 존재하지도 않는 대상을 설정해서 나를 비교하는 것입니다. 당해본 사람만 알겠지만, 참 괴롭죠?

여하튼 교회에도 ‘엄.친.아.’ 같은 존재가 있습니다. “김 권사 아들”, “박 집사 딸”, “이 장로 사위”, “강 권사 손녀”입니다. 이들이 실제로 존재하는지 모르겠습니다만, 우리의 이빨에 수없이 물어뜯기고 짓밟히고 난도질당했습니다. 슬기로운 교회생활(?)을 추구해야 하는 우리에게 수많은 가십거리가 됩니다. 그리고 여기서, 비참한 것은 이 이야기의 주인공이 〈내가〉 될 때도 있다는 것이죠.

물론, 이런 이야기들이 본회퍼Bonhoeffer가 말한 성도의 교제인지는 모르겠습니다. 그러나 이런 종류의 이야기는 2천 년 역사상 항상 있었습니다. 이런 이야기들은 실제로 존재하는 〈시선〉입니다. 앞으로도 주님이 오시지 않는 이상, 교회라는 공동체에는 이런 시선이 항상 있을 것입니다. 그렇기에 우리가 이 빛나는 교회의 전통을(?) 이길 수는 없습니다.

두 번째는, 이런 〈시선〉은 내가 스스로 만들어내었기에, 존재하지 않지만 늘 나를 따라서 존재하는 것일 수도 있습니

다. 말이 좀 어렵나요? 쉽게 이야기하면, 남들은 나의 존재에 대해서 그다지 관심을 갖지 않는데, 나 혼자, 스스로 만들어낸 세계에서 허우적대며, 이런 시선들을 만들어내었다는 것입니다. 이것도 말이 어렵나요? 그래서 조금 더 쉽게 이야기 해보겠습니다.

"아, 방금 저 이야기에 웃었는데,
나를 이상하게 보면 어떡하지?"
"이런, 이런! 오늘 구두가 너무 이상한데,
사람들이 나를 아싸(아웃사이더)라고 생각하겠지?"
"나 아직도 결혼을 못했는데,
나를 못난 사람으로 생각하겠지?"
"아, 아까 내가 그 말을 왜 했을까?
저 사람은 이제 나를 완전 또라이(?)라고 생각하겠지?"

어떤가요? 아니, 실제로 어떨까요? 이 대화가 어떤 맥락에서 이어졌는지 모르겠지만, 그대가 누군가를 이렇게 생각한 적이 있었나요? 사실, 극단적으로 치닫는 상황의 대화, 분열을 일으킬 정도의 주제의 대화가 아니라면, 우리는 상대방을 이런 식으로 생각하지 않습니다. 즉, "재는 왜 저렇게 웃냐", "저런 이상한 구두를 신다니, 재는 완전 아웃사이더겠군", "아직도 결혼을 못하다니! 저 사람은 완전 찌질이구만!", "어떻게 저런 말을 해! 저 사람 완전 또라이 아냐!!"입니다. 우리는 이런 식으로 상대를 생각하지 않습니다. 그렇다면 이 말은, 보통의 어떤 사람도, 그대를 이렇게 생각하지 않는다는 것입니다. 즉, 이런 시선은 존재하지 않지만, 내가 스스로 계속 만들어내기에 〈존재〉하는 것입니다. 그러나 정말 재미있는 것은, 이런 생각은 참으로 자연스러운 개인의 반응이라서, 내가 만들어낸 이 시선 역시 극복하기 어렵다는 것입니다. 아마, 극복하더라도 또 자연스럽게 생각날 것입니다.

그렇다면 나를 향해 다가오는 이런 시선을 어떻게 극복할 수 있을까요? 정말 극복할 수 없을까요? 아니요. 유일한 방법이 하나 있기는 합니다.

정직하라

그 유일한 방법은 바로 〈정직〉하게 〈표현〉하는 것입니다. 싱겁나요? 아니요. 이것은 가장 묵직하고 어려운 자기 수행의 길입니다. 나를 향해 다가오는 시선이, 빛나는 교회의 전통(?)에서 나오는 성도의 교제이든, 내가 스스로 만들어낸 시선이든 상관없습니다. 이것을 극복하는 것은 피하지 않고, 그 모든 사실에 〈정직〉한 것입니다.

저에게는 형이 있습니다. 제 나이가 34살인데, 저희 형은 저와 7살 차이가 납니다. 41살인 우리 형은, 아직 결혼을 하지 않았습니다. 대한민국에는 사골보다 더 깊은 전통이 있습니다. 그것은 '설날'과 '추석'입니다. 우리 가족은 비교적 대가족으로 분류됩니다. 친가가 9남매(각 배우자 18명 + 자녀 21명), 외가가 6남매(각 배우자 12명 + 자녀 15명)입니다. 엄청나죠? 우리 가족은 늘 서로에게 관심이 많습니다. 그리고 그 대화의 끝은 우리 형에게 향합니다. "결혼 언제 해?", "만나는 사람은 있냐", "너 뭐 문제 있냐" 수많은 이모들, 더 많은 삼촌들, 가득한 고모들, 유일한 할머니, 할아버지가 한결같이 묻습니다. 여러분이라면 어떨 것 같나요? 여러분이라면 어떻게 대답하실 것인가요? 보통 이런 대화는 도피하는 대답을 하거나, 그냥 넘기거나, 거짓말로 둘러댑니다. 그러나 우리 형은 한결같습니다.

"사실, 나도 연애하고 싶어!"
"그런데 아직까지 결혼을 못하면
내가 잘 못 살았다는 증거야?"
"나에 대해서 물어볼 것이 그것밖에 없어?
다른 건 안 궁금해?"

정직하게 자신의 입장과 자신의 감정을 이야기합니다.

숨김없이 자신의 상황도 말합니다. 제가 볼 때 승자는 항상 우리 형입니다. 왜냐고요? 수많은 가족들은 그 이상의 훈계적 대화를 하지 못하기 때문입니다.

혼자라는 것, 혹은 혼자가 된 것보다 중요한 것은, "혼자인 나를 바라보는 시선을 극복하는 것이다"를 이야기하다가 여기까지 왔습니다. 그러나 이 시선을 처리하는 방법은, 더 이상 거짓을 말하지 않고 정직하게 자신을 말하는 것입니다. 그럴 때 모든 영역에 자유할 수 있습니다. 생각해봅시다. 정말로 혼자라는 존재감이 힘든 것이겠습니까? 아닙니다. 혼자인 나를 바라보고 있는 그 수많은 시선이 힘든 것 아니겠습니까?

언제나, 어디서나, 그리고 내가 어떤 사람이 되어서도 존재하는 이 시선을 이기는 유일한 길은 〈정직〉해지는 것입니다. 정직하게 자신의 이야기를 던지면 던질수록, 수많은 가십gossip은 사라집니다. 그리고 나 자신은 더욱 단단해집니다. 잊지 마십시오. 정직해서 잃어버릴 것은 없습니다.

이제 다음 이야기를 해보죠. 또 이야기를 전개해봅시다. 그래서 여러분은 혼자로서 무엇을 하시나요?

버킷 리스트

한때 유행했고, 지금도 유행하는 말이 있습니다. 그것은 〈버킷 리스트〉bucket list입니다. 버킷 리스트란, 한 사람의 인생에 있어서 자신이 죽기 전에 하고 싶은 것들의 목록을 적는 것입니다. 그리고 그것들을 하나하나 실행하는 것을 의미합니다. 그래서 수많은 사람들이 실로 다양한 버킷 리스트를 작성합니다. 대부분 어떤 것을 먹는 것, 어떤 것을 사는 것, 어떤 곳에 가는 것, 어떤 지점을 경험하는 것들입니다. 이 어떤 것들은 머릿속에서 한 번쯤 꿈꾸는 것입니다. 그리고 이 것들을 실행하면서 삶의 의미를 정리하기도 합니다.

많은 사람들은 어떤 의미에서 혼자이기에 할 수 있는 일을 이 정도의 영역에서 생각하는 것 같습니다. "혼자가 얼마나 편하냐_", "혼자니까, 하고 싶은 것 다 해라_" 등등으로서 삶의 질과 양 그리고 삶의 방향에 대해서 권면합니다. 물론 틀린 말은 아니겠습니다. 이렇게 자신이 살고 싶은 삶을 향유하며 지내는 것은 얼마나 아름다운 것이겠습니까? 그러나 혼자로서의 삶을 이렇게만 말하는 사람들에게, 한마디 전해주고 싶네요. 그래도 혼자인 것은 변함이 없습니다…….

저는 혼자인 삶을 이렇게 즐기라고 말하는 것은, 조금 나쁜 권면 같다는 생각이 듭니다. 어떤 의미에서는 약간 놀리는 것 같기도 합니다. 그리고 무엇보다, 혼자로서의 삶을 이렇게만 보내게 된다면, 그리스도인과 비그리스도인의 차이가 없습니다. 그렇다면 신앙이 있는 〈그리스도인〉의 〈혼자로서의 삶〉은 어떻게 보내야 하는 걸까요? 물론, 지금부터 하는 이야기에도 변함없는 두 가지 전제가 있습니다.

첫째는, 이것이 절대적인 진리의 이야기는 아니고, 둘째로, 그래도 그대가 여전히 혼자인 것은 변함이 없을 것입니다.

혼자로서의 아담

다시 아담의 이야기로 돌아갑시다. 아담이 혼자였을 때 가장 발달한 감각은 무엇일까요? 외로움이라고요? 아닙니다. 오히려 성경을 보면, 아담은 외로움을 느끼지 못했습니다.

아담이 모든 가축과 공중의 새와
들의 모든 짐승에게 이름을 주니라
아담이 돕는 배필이 없으므로
여호와 하나님이 아담을 깊이 잠들게 하시니
잠들매 그가 그 갈빗대 하나를 취하고 살로 대신 채우시고
여호와 하나님이 아담에게서 취하신 그 갈빗대로
여자를 만드시고 그를 아담에게로 이끌어 오시니

창세기 2장 20-22절

하와가 생겨난 배경은, 아담의 외로움, 아담의 고독함, 아담의 불완전함 때문이 아닙니다. 하와가 생겨난 배경의 주어는 〈여호와 하나님〉입니다. 즉, 아담의 어떠함 때문에 하와가 출현한 것이 아니라, 하나님의 어떠함 때문에 하와가 출현한 것입니다. 그렇기에, 남자의 필요를 위해서만 여자라는 존재가 탄생했다는 이상한(?) 기독교의 명제는 가장 나쁜 언어 중 하나일 것입니다. 하와는 하나님이 출현시킨 것입니다.

그렇다면 혼자였던 아담은 무엇을 했을까요? 그는 아마 그 시간 동안 하나님을 향한 감각, 하나님을 향한 시간, 하나님을 향한 지식들이 자라났을 것입니다. 왜냐면 하나님이 에덴동산에 만들어놓으신 수많은 피조물들을 보면서, 그것들의 존재를, 존재로서 만나고, 그 존재의 이름을 지어가며, 그는 하나님이 어떠한 분인지를 보았을 것입니다. 그리고 하나님의 속성을 이해하고, 하나님이 천지를 창조하신 목적을 고민해보고, 무엇보다 자기 자신에 대해 생각을 해보았을 것입니다. 과일을 먹으면서, 흐르는 강을 보면서, 충만한 하늘을 보면서, 또렷한 태양을 보면서, 그리고 창조된 그 모든 것들을 느끼면서, 하나님을 아는 지식이 자라났을 것입니다. 그리고 그 지식은, 하나님을 사랑하게 했을 것입니다. 즉, 그는 혼자로서 하나님을 충분하고 넉넉하게 알아간 것입니다.

이 글을 읽는 **그대는 지금 혼자입니까?** 괜찮습니다. 불안해할 필요 없습니다. 아무것도 잘못된 것은 없습니다. 하나님은 아담을 홀로 만드셨습니다. 그리고 아까도 이야기했지만, 혼자라는 것보다 중요한 것은, 이 혼자됨의 시간을 어떻게 보내는지가 더 중요하니까요. 그러면 그 시간을 어떻게 보내야 할까요?

신앙을 키워라

예수를 믿는다면, 엄밀한 의미에서 혼자인 나는, 어떤 경우에도 혼자가 아닙니다. 그 이유는 하나님이 우리와 함께하시기 때문입니다. 그리고 그 영역을 깊이 발견하는 것이 신앙의 진수입니다. 그대는 신앙의 세계를 가볍게 생각하는 경향이 있습니다. 혹은 아주 좁은 의미에서 신앙의 세계를 경건생활의 루틴routine 정도로 생각하는 것 같습니다. 이를테면 말씀, 기도, 큐티, 예배 등등 말입니다. 그러나 신앙이라는 것은 그렇게 가벼운 의미로 소급될 수 없습니다. **그 분명한 이유는 〈신앙〉이라는 것은 하나의 존재가 이 거친 세상 속에서 어떤 방식으로 존재하고, 살아내고, 표현해내고, 대답할지에 대한 무거운 〈세계관〉이기 때문입니다.**

기독교가 말하는 신앙은 모든 것을 가능하게 하는 힘이 있습니다. 또한, 모든 영역을 도전해보게 하는 힘이 있습니다. 그 이유는 〈믿음〉이 기초가 되기 때문입니다. 믿음이 기초가 된다는 것은 보이는 수많은 것들을 뛰어넘는 가치관으로 살아가는 것입니다. 그렇기에 불가능, 한계, 좌절, 연약함 등등 앞에서도 가볍게 일어서는 것입니다. 이런 삶의 방식은 이 세상이 이해하지 못하는 방식입니다. 그 이유는 이 세상의 수많은 메커니즘mechanism은 빅 데이터를 원하기 때문입니다. 정밀한 수치와 공식과 계산 속에서 예측 가능한 것들로만 살아가는 것을 말합니다. 물론 여기에도 엄청난 장점과 힘이 있겠지만, 이것은 **믿음을 기초로 움직이게 하는, 꿈꾸게 하는, 도전하게 하는 신앙에 비할 수는 없습니다. 신앙은 좌절을 모릅니다. 신앙은 한계를 모릅니다.**

그래서, 혼자인 그대에게 묻고 싶습니다. 그대는 신앙으로 무엇을 도전해보았나요? 그대는 신앙으로 무엇을 꿈꾸어 보았나요? 신앙으로 무엇을 표현해보았습니까? 그리고 무엇보다 신앙으로 하나님이 어떤 분인지 알아가고 있습니까?

혼자이기에 만날 수 있는 의미가 있습니다. 그것은 우리가 알고 있는 인생의 사조 안에서 안줏거리같이 말하는 〈자유로운 인생관〉이 아닙니다. 또 무엇이든 도전할 수 있다는 〈다양한 인생관〉도 아닙니다. 또한, 마음대로 살아도 되는 〈방관적 인생관〉도 아닙니다. **혼자이기에 그리스도인으로서, 추구할 수 있는 인생관은 〈신앙〉 혹은 〈소명적인 인생관〉입니다. 그것은 모든 것에 초연하는 삶입니다.** 이것은 중요합니다.

그렇기에 다시 한번 강조해보죠! **모든 것에 초연한 삶**

입니다. 초연하다는 것은, 초라한 것도 아니고, 초월적인 것도 아닙니다. 초연하다는 것은, 모든 가능성에서 자신의 길을 걷는 삶입니다. 화려해 보이는 것들을 좇거나, 안정적인 것들을 좇아서 사는 삶은, 반드시 만족할 수 없는 삶의 결과를 낳게 됩니다. 그 이유는 더 화려한 것, 더 안정적인 것을 보게 되면 자신의 가치관이 또 흔들리기 때문입니다. 그러나 초연한 삶을 살 줄 아는 사람은 다릅니다. 그들은 자신의 삶에 대해서 깊은 만족을 느끼고 감사합니다. 또한, 그 결과는 언제나 행복함입니다.

혼자로서 그대가 그리스도인으로 단단히 만들어져야 할 삶의 근육은 이런 초연함에 관한 진리입니다. 그러면 반드시 자신의 길을 걷게 됩니다. 그리고 그 길 끝에 주님의 길을 걷게 됩니다.

지금도 제가 가장 존경하는 목사님이 있습니다. 그분은 어느새 꽤 유명한 목사님이 되셨습니다. 제가 그분과 대화를 하면서 여쭈어보았습니다. "칠십여 생에서 가장 행복했을 때는 언제입니까?" 왠지 뻔한 대답이 나올 것 같지 않나요? 그런데 그분의 대답이 참 의외였습니다. "가장 신앙으로 살았던, 그 시절…"입니다. 아직도 그 대답은 저에게 울림이 있습니다. 어떤 회장이 되고, 담임목사님이 되고, 유명세를 탈 때가 아니고, "가장 신앙으로 살았던, 그 시절…"이라고 합니다.

이 글을 읽는 그대는 혼자인가요? 아니면 항상 옆에 누군가가 있나요? 뭐 상관이 없습니다. 그러나 정확한 것은, 하나님은 인간이 홀로 서는 법을 배우길 원하신다는 것입니다. 만약 그대가 적절할 나이지만(?) 여전히 혼자라면, 그것은 잘못된 것이 아닙니다. 또한 잘 못하는 것도 아닙니다. 혼자라는 무게감으로 그 어떤 불안함을 가질 필요가 없습니다. 왜냐면, 하나님은 인간을 혼자로 창조하셨기 때문입니다. 그렇기에 중요한 것은 그대가 혼자라는 사실이 아니라, "혼자로서 그대가 무엇을 하고 있느냐"입니다.

그 첫걸음은 〈소명〉입니다. 자신이 살고 싶은 삶이 아니라, 하나님이 우리를 부르신 삶의 모양입니다. 분명 있습니다. 그것은 단순히 이성관계, 썸, 연애, 결혼이라는 범주에 머물지 않습니다. 그 소명은 위대한 것이고 아름다운 것입니다.

예수와 바울

조금 재미있는 이야기를 해보겠습니다. 성경에는 절대 대치 불가능한 인물이 있습니다. 누구일까요? 물론, "모두가 그렇다!"라고 한다면 제가 할 말이 없겠습니다만, 절댓값을 갖는 인물이 반드시 있습니다. 그것은 신약의 〈예수〉와 〈바울〉입니다. 이 둘이 빠지면 성경은 이루어질 수가 없습니다. 이 말은 곧 지금 현존하는 기독교와 교회도 이 땅에 없다는 의미입니다. 조금 더 나아가서, 구원의 문제까지도 생각해볼 수 있겠죠? 예수와 바울이 성경에서 이루어낸 엄청난 의미들을 감히 이 작은 책에서 다 다룰 수는 없습니다.

그런데 그 두 분의 공통점이 있습니다. 그것은 둘 다 〈혼자〉였다는 점입니다. 신학교에서 12년을 공부하면서, '예수는 왜 결혼을 하지 않았을까?'를 자주 생각했습니다. '바울은 왜 주변 사람들에게 혼자가 좋다고 한 것일까?'를 자주 생각했습니다. 이것에 대해서 신학적으로 대답은 할 수 없겠지만, 제 나름대로의 답은 갖게 되었습니다. **그것은 〈소명〉으로서 살 수 있는 최적의 삶의 형태이기 때문입니다.**

너무나 이상한 이야기지만, 해보겠습니다. 만약 〈예수〉가 결혼을 했다면, 십자가를 질 수 있었을까요? 만약 〈바울〉이 결혼을 했다면, 수많은 교회를 세우거나 더 많은 선교를 감당할 수 있었을까요? 저는 단호하게 아니라고 생각합니다. 너무나 이상한 예화도 들어보겠습니다.

예수님 사모님 : 예수 씨, 아주 당신만 잘났어?!
모든 사람이 다 하나님 아들이야!
꼭 당신만 십자가를 져야 해? 그럼 나는 어떡하라고?
이 땅에 혼자 남아 있는 나를 버리는 것은 하나님 뜻이야?

우리 딸은? 우리 아들은?

서로 사랑하라며! 이웃을 사랑하라며!

나는 예수 씨의 가장 가까운 아내야!!

비울 사모님 : 바울 씨, 또 떠나? 그럴 거면 결혼은 왜 했어?

선교를 가는 것도 하나님 뜻이겠지만,

결혼한 가정을 책임지는 것도 하나님 뜻이야!

나한테만 희생과 포기를 요구하지 마!

당신도 가정을 위해서 포기할 것을 포기해!

뭐? 십자가에서 나는 날마다 죽는다고?

뭐? 그리스도와 함께 십자가에 못 박혀서,

이제 믿음으로 산다고?

아주 고상한 척은 혼자 다하고 있네!

당신은 나를 죽인 거야!!!!!

너무나 극단적이고 이상한 예화임을 인정합니다. 그런데, 한 가지 확실한 것은 결혼을 했다면 분명 예수도, 바울도 소명적인 삶을 살기는 쉽지 않았을 것입니다. 저는 정말 의문이 듭니다. 그것은 복음서와 바울서신에서 결혼을 권면하지만, 왜 그것을 말했던 예수나 바울은 결혼을 하지 않았을까 하는 의문입니다. 그리고 이것을 보면서 확실하게 말할 수 있는 한 가지는, 기독교에서 축복의 증표로 강조하는 〈결혼의 시선〉이 조금 잘못된 것 아닌가 하는 생각을 하게 됩니다. 물론 결혼은 중요하겠지만요.

예수와 바울의 이야기를 조금 더 해보려고 합니다. 예수와 바울은 혼자였습니다. 그들이 그 혼자라는 공간 안에서 신앙을 키워갔음은 두말할 나위가 없습니다. 그리고 그 신앙으로 이 땅에 있는 수많은 것들에 도전하고 승리하고 성취했습니다. 그렇다면 여기서 한 가지를 더 깊게 생각해야 합니다. 그들의 〈혼자〉 됨과 그들의 〈신앙〉은 무엇을 향했던 것일까요?

자유의 진리

그대는 예수와 바울을 생각할 때 어떤 단어가 생각나나요? 사랑? 지식? 헌신? 십자가? 능력? 사람마다 제각각일 것입니다. 그러나 저는 예수와 바울을 생각할 때마다 늘 한 가지 단어가 가장 선명하게 생각이 납니다. 그것은 바로 〈자유〉입니다. 그들은 자유 안에 있었던 사람입니다. 혼자이기에 자유할 수 있었고, 자유 안에서 혼자일 수 있었습니다. 〈혼자〉라는 존재, 시간, 감각에서 〈자유〉를 마음껏 사용한 사람들입니다. 그렇기에 십자가의 위대함도, 선교의 담대함도 가능했던 것입니다.

여러분, 자유에 가격을 매긴다면 얼마가 될까요? 이것은 마치 "공기는 얼마인가요?", "바람은 얼마인가요?", "태양은 얼마인가요?"를 묻는 것과 같은 질문입니다. 인간의 자유는, 인간의 역사상 가장 존엄하고 귀중한 것이었습니다. 이것을 지키기 위해서 수많은 세계관과 철학과 종교는 목청을 높이며 다투었습니다. 심지어 전쟁을 하기도 했습니다. 그리고 그 종점에 언제나 기독교가 있었습니다. 우리 그리스도인에게 신앙과 자유가 함께 진리의 조화를 이룬다면, 그것은 정말 멋진 인생이 될 것입니다.

책임 있는 자유

그러나 혼자인 우리가 사용하는 자유는, 인간의 〈자유로움〉을 만끽하는 것에만 목적이 있는 것이 아닙니다. 그리스도인인 우리가 혼자로서 추구해야 할 자유는 확실히 제한된, 규정된, 방향성 있는 성격의 자유입니다. 다시 아담의 이야기로 돌아가봅시다.

> 여호와 하나님이 그 사람을 이끌어
> 에덴동산에 두어 그것을 경작하며 지키게 하시고
> 여호와 하나님이 그 사람에게 명하여 이르시되

동산 각종 나무의 열매는 **네가 임의로 먹되**
선악을 알게 하는 나무의 열매는 먹지 말라
네가 먹는 날에는 반드시 죽으리라 하시니라

창세기 2장 15-17절

하나님은 홀로인 아담에게 자유를 주시지만, 분명 제한된, 규정된, 방향성 있는 자유를 주십니다. 동산의 모든 과일을 너의 자유로 먹어도 되지만, 안 되는 것도 있다고 말합니다. 하나님이 쫌스럽나요? 하나님이 이상한가요? 왜 하나님은 그렇게 하시는 걸까요? **그것은, 자유라는 것은 엄청난 에너지가 있지만, 그것이 제한되지 않았을 때는 독이 될 수 있기 때문입니다.** 이것은 마치 '커피'와도 같습니다. 커피는 여러 가지 효능이 있습니다. 굳이 제가 말하지 않더라도 그대는 커피의 효능을 아주 잘 알 것입니다. 그러나 이 커피를 하루에 10잔, 20잔, 30잔을 마시면 인간은 결코 행복하지 않습니다. 이것은 인간의 몸에 독이 됩니다. 도로 위의 속도 제한 표시도 마찬가지입니다. 속도가 자유로운 고속도로에는 반드시 '제한속도'라는 것이 있습니다. 그것이 왜 있겠습니까? 자동차를 구속하기 위함이겠습니까? 아닙니다. 고속도로는 분명 위대한 것이지만, 이 고속도로에서 속도의 제한이 없이 운행할 때, 반드시 인간이 다치게 되기 때문입니다.

자유 역시 마찬가지입니다. 이 위대한 진리는 너무나 많은 것들을 이루어낼 수 있습니다. 그리고 이 땅에 있는 위대한 것들은, 자유 없이 잉태된 것이 없습니다. 아름다운 삶, 위대한 삶, 행복한 삶 역시 마찬가지입니다. 이 모든 것들은 자유 없이는 이루어질 수 없습니다. 그러나 이 〈자유〉는, 제한된, 규정된, 방향성이 있어야 합니다. 그렇다면 그것은 무엇을 의미할까요?

자유의 의미

〈제한된 자유〉란, 혼자로서의 삶을 이해할 때 가장 중요한 영역입니다. 우리는 자유라는 것을 이해할 때, 무제한적인 어떤 것으로 이해합니다. 무제한 잠, 무제한 놀이, 무제한 식사, 무제한 시간 등등입니다. 물론 이런 것에서 자유라는 것의 의미를 찾을 수 있습니다. **그리고 또 자유라는 것을 생각할 때 떠오르는 우리의 이미지는, 인간의 잠재되어 있는 욕구를 마음껏(?) 풀어놓는 것으로 생각할 수도 있습니다.** 그러나 이것은 자유의 참된 의미가 아닙니다. 성경은 한 가지를 일관되게 이야기합니다. **그것은 인간의 욕구를 무제한적으로 풀어놓은 상태를, 자유로운 상태라고 하지 않습니다. 오히려 〈정욕의 노예〉라고 합니다. 혹은 〈우상숭배〉라고 부릅니다.**

그렇다면 성경에 말하는 자유란 무엇일까요? 그것은 아

까도 이야기했지만, 제한된, 규정된, 방향성이 있는 자유입니다. 이 자유는 언제나 한 가지 방향을 향하고 있는데, 그것은 바로 인간을 향한, 〈인간의 본질적인 회복〉입니다.

구약에서 자유를 뜻하는 많은 단어가 있습니다. 그러나 그중에서 가장 많이 쓰이는 단어는 히브리어로 '호프쉬חפשי'와 '데로르דרור'입니다. 호프쉬란, 이스라엘 백성들이 이방 지역에서 부과된 노역과 의무와 신분 등에서 자유롭게 된 것을 뜻하는 단어입니다. 또한 데로르란, 이스라엘 백성들이 출애굽을 할 때, 그들의 해방된 상태의 자유를 말합니다.

이 두 단어는 〈자유의 본질〉을 말하고 있는데, 그것은 인간의 욕구의 방출이 아니라, 참으로 인간다운 삶을 향한 첫걸음으로 제시하고 있는 것입니다. 구약에서 하나님이 인간에게 주고 싶었던 자유는, 그의 마음 가운데 어떤 의무나 속박이 없이, 자신의 존재의 본질을 표현하는 것을 의미합니다. 복음에서 말하는 자유의 의미도 동일합니다. 〈죄에서 자유〉라는 말은, 마음껏 죄를 지으라는 소리가 아닙니다. 더 이상 〈죄의 종노릇〉하지 말라는 것입니다.

성경은 자유를 통해서 인간에게 무엇을 선물하고 싶었던 것일까요? 그것은 인간 안에 있는 본질을 회복하는 것입니다. 많은 영역에 '속박'되어 있는 인간의 마음과 구조적으로 '구속'되어 있는 인간의 제도에, 가장 인간다운 본질을 일깨워주는 것이 바로 성경에서 인간에게 주고 싶은 자유입니다. 그리고 그 본질적인 자유를 깊게 고민하고 발견한 사람은 반드시 믿음으로 하나님을 보게 됩니다.

이 글을 읽는 그대는 혼자입니까? 이제는 이 말을 바꾸어봅시다. 이 글을 읽는 **그대는 혼자가 아니라, 인간의 본질을 더욱 고민하고 발견할 수 있는 〈개인〉입니다.** 그것은 하나님을 더욱 깊게 바라볼 수 있는 개인입니다. 그런 자유로운 개인, 그런 초연한 개인, 그런 소명적인 사람입니다. 이 구체적인 이야기는 이 책의 끝에 있는 꼭지에서 깊이 해봅시다.

이제 혼자 커피를 마셔봅시다. 여전히 그대는 혼자이겠지만, 이제는 가장 인간다운 본질을, 소명을 더욱 마셔봅시다. 그리고 나를 불러주신 그분 앞에 나의 자유를 사용합시다. 그대는 혼자라서 작은 존재가 아니라, 혼자라서 더욱 분명한 존재가 되지 않을까요?

alone

2장

외로움

외로움이란 무엇일까?

이번에는 〈외로움〉이라는 감정에 대해서 다루어보려고 합니다. 외로움이란 어떤 감정일까요? 대부분 외로움이라는 감정을 혼자인 사람들의 특유의 감정? 혹은 노총각, 노처녀들의 전유물? 혹은 늙어가는 과정에 있는 인간이 자주 느끼는 전형적인 감정이라고 쉽게 생각하는 경향이 있습니다. 뭐, 어떻게 생각하든 자유입니다. 어쨌든 대부분의 사람들은 외로움을 〈부정적인 감정〉으로 생각합니다. 또는 약자들의 특징이라고 생각합니다. 그래서 가급적 긍정적으로 생각하고, 적극적으로 살아가서, 이 외로움을 멀리하자고 생각하는 것 같습니다. 마치 외로움이 질병이라도 되는 것처럼요. 그러나 이 글을 시작하기 전에 분명한 한 가지를 말하고 싶습니다. 그것은 이 모든 생각들은 외로움을 향한 편견이자 오해라는 점입니다.

한 인간의 평생에 항상 있는 이 외로움을 이렇게 이해해서는 곤란합니다. 그대가 이 외로움을 어떻게 해석하느냐에 따라, 그대의 인생이 표현 그대로 찌질해질(?) 수도 있고, 위대해질 수도 있습니다.

그래서 외로움은 어떤 감정일까요? 우리나라 국어사전

은 외로움을 "홀로 되거나 의지할 곳이 없어 쓸쓸하다"라고 정의합니다. 물론 외로움을 이렇게 표현할 수 있겠죠. 그런데 그것보다 먼저 그대가 정확하게 해야 할 것이 있습니다. 그것은 외로움은 어떤 특유의 감정이 아니라는 사실입니다.

오히려 특유의 감정은 설렘, 사랑, 감격, 공포, 공황, 환희 등등 이런 것들입니다. 그렇다면 왜 이것들이 특유의 감정일까요? 그 이유는 이런 것들은 살면서 어떤 특수한 경우나 예상치 못한 계획, 어떤 장치와 환경에서만 생길 수 있는 감정이기 때문입니다. 그러나 외로움은 그렇지 않습니다. **외로움은 혼자이기에 겪는 감정이 아니라, 모든 사람이, 모든 상황에서, 모든 시간에서, 자연스럽게 매일 겪을 수 있는 감정입니다.**

그대가 생각할 때, 그대의 시대의 톱스타(?)는 누군인가요? 저의 인생에 있어서 가장 유명한 스타는 H.O.T., 젝스키스, 유승준, 핑클, 동방신기, 샤이니, 트와이스 등등입니다. 모두 아이돌이죠? 이런 톱스타들은 항상 사람들 가운데 둘러싸여 있습니다. 이들의 직업의 특징상 그럴 수도 있지만, 그런 것 말고도 순수하게 이들을 한없이 지지해주는 사람들이 있습니다. 이들을 이유 없이(?) 사랑해주는 그런 해바라기 같은 그룹들이 있습니다. 세상 말로 빠돌이, 빠순이라고 할 수 있겠지요. 그들은 이들에게 어떤 것들을 요구하는 것이 아닙니다. 단지, 이들이 그저 잘되기만을 바라는 마음으로, 사랑만 하는 그런 아가페적인 '팬클럽'입니다. 만약 그대가 이런 주인공이라면, 어떨까요? 엄청난 힘이 나겠죠? 밥을 먹지 않아도 배부르겠죠? 행복하지 않겠습니까? 무엇보다 외로움을 모르겠죠?

그러나 그대는 알고 있습니다. 결코 그렇지 않다는 것을요. 그리고 그대는 알고 있습니다. 어쩌면 이들은 일반인들보다 더 외롭다는 것을요. 외로움의 감정이란, 내 옆에 사람이 있고 없고 문제로 말할 수 없습니다. 외로움을 그렇게 이해하는 것은, 단순한 30센티미터 자로, 이 세상을 다 측량하겠다고 생각하는 것과 같습니다.

그렇기에 그대는 〈외로움〉을 혼자 있는 사람들만이 겪는 어떤 부정적인 특유의 감정이라는 편견을 버려야 합니다. 외로움을 이렇게 생각하는 것은 정말 좋지 못한 생각입니다. 오히려 외로움은 모든 이들에게 자연스러운 것입니다. 모든 순간에서, 모든 상황에서 느끼는 감정입니다. **즉, 〈건강한 감정〉입니다. 아니, 〈건강한 욕구〉입니다. 비유하자면, 일종의 시장기 같은 것이라고 할 수 있겠네요. 때가 되면 배가 고픈 그런 자연스러운 감정입니다. 그런 자연스러운 욕구입니다.**

외로움 다루기

그렇다면 외로움은 어떻게 다루어야 할까요? 외로움을 다루는 여러 가지 방법이 있을 것입니다. 예수를 모르는 사람들은, 이 외로움을 채우기 위해, 보통은(?) 자신의 굶주린 욕구를 채우는 것 같습니다. 그 굶주린 욕구란, 자신이 인정받지 못하는 지점을 향한 반성이자 욕망입니다. 그렇기에 자신이 외로운 이유를 깊이 성찰하되 자신에게 없는 것, 자신에게 부족한 것들만을 바라봅니다. 보통은 소비적인 형태로 나타납니다. 또 애정 결핍의 형태로도 나타납니다. 그래서 타인에게 더 많은 관심을 받기 위해, 혹은 자신에게 없는 어떤 것들을 채우기 위해 부단히 노력합니다. 가끔은 자신이 가지고 있는 모든 것들을 탕진하기도 합니다. 물론, 약간의 유익과 만족은 있을 것입니다. 그러나 조금 지혜로운 사람은 알고 있습니다. 그럴수록 더욱 외롭다는 것을요. 그리고 그대에게 주어진 외로움은 이런 것들로 채울 수 없다는 것을요.

그렇다면 신앙이 있는 그대는, 이 외로움을 어떻게 다루어야 하는 것일까요? 먼저, 그대는 이 외로움의 정서를 결코 부정해서는 안 됩니다. 그리고 하나의 믿음이 있어야 합니다. **그것은 하나님이 나에게 "이 외로움을 주셨다"라는 사실입니다. 그리고 하나님은 "이 외로움을 통해서만" 그대에게 주고자 하는 메시지가 있다는 사실입니다.** 그렇다면 그것은 무엇일까요? 그것은 성경에서 공통적으로 하나님이 외로움을 어떤 식으로 다루고 사용하셨는지를 보면 금방 알 수 있습니다.

하나님이 외로움을 주시는 이유

이 글을 읽는 그대는 성경을 얼마만큼 알고 있나요? 뭐, 많이 몰라도 상관은 없습니다. 성경을 많이 알든 모르든 가능한 질문을 하나 던지고 싶습니다. **성경에서 그대가 좋아하는 인물은 누구인가요? 어떤 사람이 되고 싶어 하나요? 각자의 기호가 있을 것입니다. 그런데, 그대가 어떤 성경의 인물을 좋아하든 간에, 그들은 모두 지독한 〈외로움을 견디고 만난 사람〉입니다. 그리고 비로소 〈하나님의 사람〉이 된 것입니다.**

참 재미있는 지점은, 성경에 나온 수많은 하나님의 사람들은 각각 특징, 성격, 강점, 약점, 능력, 사역의 분야가 다릅니다. 심지어 신앙의 모양도 다르고, 하나님을 믿는 믿음도 다릅니다. 그런데 이렇게 다른 하나님의 사람들이 하나님을 경험할 때는, 반드시 외로움에 노출이 됩니다. 그것은 공통점이자 필수적입니다. 하나님은 이들을 지독하게 외롭게 하시고, 외로움을 먹고 마시게 하십니다. 하나님은 왜 그러는 걸까요? 왜 외로움을 주는 것일까요?

그것은 아주 단순한 차원입니다. 인간은 외로움 속에서만 만나는 〈인식〉이 있기 때문입니다. 그 인식이란, 바로 〈존재론적〉 인식입니다. 그것은 "왜 살아야 하는지", "어떻게 살아야 하는지", "삶이란 무엇인지" 등등의 차원이 아닙니다. 이 정도의 질문은, 인문학에서도 얼마든지 가능합니다. 오히려 성경 안에서 외로움을 통한 존재론적 인식의 차원은 두 가지를 정확하게 따져 묻게 합니다. **그것은 "나는 누구인지", "하나님은 누구인지"를 정확하게 하는 것입니다. 그래서 저는 하나님이 주시는 이 외로움을, 〈존재론적 공간〉이라고 표현하고 싶습니다.** 인간은 이 외로움을 통해서 〈나라는 존재〉와 〈하나님의 존재〉가, 새롭고 정확하게 인식되는 것입니다. 제가 정의했지만, 참 적절합니다.

바쁘게 살아가는 그대는, 진정 그대가 누구인지 모릅니다. 조그만 직장의 계급에도 우쭐대는 그대는, 그대가 정말 어떤 사람인지 모릅니다. 가끔은 그대가 잘난 사람인 것 같기도 합니다. 또 가끔은 그대가 정말 못난 사람인 것 같기도 합니다. 또 많은 영역에서 양가감정이 그대를 잡아당깁니다. 그런데 외로움이란 공간은, 그대가 진정 누구인지 알게 합니다. 그리고 하나님이 어떤 분인지 알게 합니다. 그렇기에, 모든 영역에서 가장 나답게 일어날 수 있게 되는 것입니다.

그래서 하나님은, 당신의 사람들에게 새로운 존재론적 인식을 심어주기 위해 외로움의 공간으로 그대를 부르시는

지도 모르겠습니다. 그 공간에서 인간은 한없는 외로움을 느끼지만, 하나님은 한없는 충만으로 다가오길 원하십니다. 그렇기에, 인간은 모든 영역에서, 모든 시간에서, 모든 관계에서, 필연적으로 외로움을 느끼는 것 같습니다. 하나님이 당신이 누구인지 말해주기 위해서 말이죠.

그대가 어떤 사람이 되기 원하는지 모르겠습니다. 그것은 각자의 자유입니다. 그러나 조금 멋진(?) 신앙의 사람이 되길 꿈꾸신다면, 또 기도하셨다면, 그만큼 하나님은 외로움이라는 당신의 공간을 주실 것입니다. 그 존재론적 공간에서 참다운 질문과 정직한 의문으로 시작하는 것입니다.

그래서, 나는 누구입니까_
그리고, 당신은 누구입니까_

자기 연민에서 벗어나라

그러니, 이제는 외로움에서 비롯되는 〈자기 연민〉에서 벗어나야 합니다. 특히나 "언제나 나는 혼자다", "나는 항상 왕따다", "나 말고 다른 세상이 있는 것 같다" 등등의 감정에서 벗어나야 합니다. 외로움의 감정이 도구가 되어 나의 존재를 해석한다면, 그곳에서 보아야 할 하나님은 보이지 않는 것입니다. 꽤 뾰로통한 나의 뒤통수만 보일 뿐입니다. 그것은 정말 멋없는 것입니다. 자기 연민으로부터 보여지는 세상은, 나 말고 모든 것이 완전해 보입니다. 나 말고 모두가 생동감 있고 행복해 보입니다. 그래서 결국에 나는 가치 없는 존재로 결정되는 것이죠.

그러나 천천히 냉정하게 생각해봅시다. 정말 그럴까요? 자기 연민으로 보는 이 세상의 풍경이 정확한 것일까요? 자기 연민으로 해석한 감정의 문법이 참으로 정확한 해석일까요? 결코 그렇지 않습니다. 어쩌면 자기 연민으로 만들어낸 세상과 그 문법으로 해석한 감정만큼 거짓된 것은 없습니다. 그 끝에서 해석되는 나의 가치 없음과 나의 매력 없음, 나의 능력 없음은 결코 정확한 해석이 아닙니다. 그런 감정으로는 '세상을 이처럼 사랑하신' 하나님의 의도를 볼 수 없습니다. 그런 판단력으로 하나님께서 행하신 일들을 해석하는 것은 불경한 것입니다. 외로움은 모든 사람이, 모든 상황에서 적절하게 겪는 보편적인 감정입니다. 그렇기에 이 감정에 자기 연민이라는 음식을 주면 안 됩니다. **왜냐면 결국 그것이 자라나서 하나님도, 나도, 잡아먹기 때문입니다.**

외로운 그대여, 깊게 생각해봅시다. 외로움에서 비롯되는 자기 연민은 결국, 자기에게 없는 것들로부터 시작되는 것 아닌가요? 자신의 능력 없음, 자신의 돈 없음, 자신의 애인 없음, 자신의 친구 없음, 자신의 자신 없음으로부터 시작되는 것 아닌가요? 그래서 자기보다 능력 있고, 힘이 있고, 돈이 있고, 애인 있고, 친구 있고, 자신 있는 사람들을 보면, 주눅이 들거나 작아지는 것 아닙니까? 그래서 결국 그대도 그런 자기에게 없는 것들을 동경하는 것 아닐까요?

그러나 이 지점에서 정확하게 한 가지를 알려주고 싶습니다. 그것은 결국 그대가 동경하는 그런 것들을 다 가져도, 다시 자기 연민에 빠진다는 것입니다. 그 이유는 인간의 마음이 그렇기 때문입니다. 오죽하면, 모든 것을 가진 솔로몬도 자기 연민에 빠졌겠습니까? 여기서 우리 천천히 솔로몬의 글을 읽어봅시다.

나는 내 마음에 이르기를 자, 내가 시험삼아 너를 즐겁게 하리니 너는 낙을 누리라 하였으나 보라 이것도 헛되도다 내가 웃음에 관하여 말하여 이르기를 그것은 미친 것이라 하였고 희락에 대하여 이르기를 이것이 무슨 소용이 있는가 하였노라 내가 내 마음으로 깊이 생각하기를 내가 어떻게 하여야 내 마음을 지혜로 다스리면서 술로 내 육신을 즐겁게 할까 또 내가 어떻게 하여야 천하의 인생들이 그들의 인생을 살아가는 동안 어떤 것이 선한 일인지를 알아볼 때까지 내 어리석음을 꼭 붙잡아 둘까 하여 나의 사업을 크게 하였노라 내가 나를 위하여 집들을 짓고 포도원을 일구며 여러 동산과 과원을 만들고 그 가운데에 각종 과목을 심었으며 나를 위하여 수목을 기르는 삼림에 물을 주기 위하여 못들을 팠으며 남녀 노비들을 사기도 하였고 나를 위하여 집에서 종들을 낳기도 하였으며 나보다 먼저 예루살렘에 있던 모든 자들보다도 내가 소와 양 떼의 소유를 더 많이 가졌으며 은 금과 왕들이 소유한 보배와 여러 지방의 보배를 나를 위하여 쌓고 또 노래하는 남녀들과 인생들이 기뻐하는 처첩들을 많이 두었노라

내가 이같이 창성하여 나보다 먼저 예루살렘에 있던 모든 자들보다 더 창성하니 내 지혜도 내게 여전하도다 무엇이든지 내 눈이 원하는 것을 내가 금하지 아니하며 무엇이든지 내 마음이 즐거워하는 것을 내가 막지 아니하였으니 이는 나의 모든 수고를 내 마음이 기뻐하였음이라 이것이 나의 모든 수고로 말미암아 얻은 몫이로다 **그 후에 내가 생각해 본즉 내 손으로 한 모든 일과 내가 수고한 모든 것이 다 헛되어 바람을 잡는 것이며 해 아래에서 무익한 것이로다**

내가 돌이켜 지혜와 망령됨과 어리석음을 보았나니 왕 뒤에 오는 자는 무슨 일을 행할까 이미 행한 지 오래 전의 일일 뿐이리라

전도서 2장 1-12절

참으로 지혜로웠던 솔로몬은, 결국 〈인간 존재〉의 지혜에 이르게 됩니다. 그것은 자신의 내면에서 올라오는 공허함으로부터 시작된 존재론적 의문이었습니다. 왕으로서, 이스

라엘의 모든 것을 가졌지만 여전히 공허하다는 깨달음입니다. 솔로몬 왕은 그렇게 전도서 1장과 2장을 서술합니다. 결국 인간의 존재는, 소유로 채울 수 없다는 것입니다. 이 글을 읽는 그대여, 냉정한 비교를 해봅시다. 그대가 부러워하는 그 어떤 사람이, 솔로몬보다 많은 것을 가졌을까요? 그대가 동경하는 그 어떤 사람이, 솔로몬보다 더 풍부한 것들을 누리고 살았을까요? 결국 그대가 그리고 바라보는 그런 사람도, 이런 공허함이 있는 것입니다. 그런데, 솔로몬이 그 공허, 허무함의 깨달음 앞에서 정말 중요한 이야기를 합니다.

일의 결국을 다 들었으니 하나님을 경외하고

그의 명령들을 지킬지어다 이것이 모든 사람의 본분이니라

전도서 12장 13절

하나님을 경외하라는 것은, 솔로몬의 동일한 저작인 잠언에도 여러 번 등장하는 문장입니다. 그렇다면, 솔로몬은 인간의 존재를 채우는 한 가지 비결을 확신하게 된 것입니다. 그것은 인간의 존재는 인간의 눈에 보이는 것으로 채울 수 있는 것이 아니라, 인간의 눈에 보이지 않는 것으로 채울 수 있다는 것입니다. 바로 하나님입니다. 그렇기에 하나님을 경외하는 것이, 지혜와 지식의 가장 중요한 근본이라고 이야기합니다.

다시, 십자가 앞에

그렇다면, 자기 연민을 극복하는 길은 어디에 있는 걸까요? 그것은 유일하게 한 가지 방법밖에 없습니다. 그것은 〈하나님을 경험하는 것〉입니다. 외로움이라는 공간으로 부르신, 하나님을 직면해야 합니다. 그리고 그 공간에서 해결해야 합니다. 다른 것들은 이 공간에 들어올 수가 없습니다. 그렇기에 외로움은, 무엇보다 아름다운 〈만남의 장소〉입니다.

그렇다면 하나님을 어떻게 경험해야 하는 것일까요? **하나님을 경험하는 보편적인 방법, 가장 확실한 방법은 바로 예수님의 십자가 앞에 〈다시 서는 것〉입니다. 그 십자가 앞에서 나의 존재를 만드신, 나를 부르신, 그분을 〈만나는 것〉입니다. 그런 인간과 신의 만남이 없다면, 인간의 자기 연민은 해결될 수 없습니다. 이 세상을 다 가져도 해결될 수 없습니다.**

이 글을 읽는 그대여, 우리 한 차원 더 깊게 생각해봅시다. 십자가의 은혜와 십자가의 능력은 어디에 있는 것일까요? 많은 사람이 십자가를 단순히 〈속죄〉 혹은 〈대속〉의 영역에서만 생각합니다. 혹은 하나님의 〈사랑〉, 예수님의 〈희생〉의 영역에서만 생각합니다. 그런데, 십자가를 이런 방향으로만 이해한 것은 아주 단순한 이해입니다. 예수가 진 십자가는 더 위대한 의미가 있습니다. 이 작은 지면에, 그 모든 것들을 다 다룰 수는 없지만, 그중에 대표적인 의미는 바로 존재를 새롭게 함입니다. **십자가를 통과한 인간은 새로운 존**

재가 됩니다. 그래서 십자가는 위대한 복음인 것입니다. 그것은 인간이 분노에 가득 찬 두 주먹으로 다짐하는 결심과 노력과는 비교할 수 없는 것입니다. 십자가를 통과한 존재의 새로움은, 세상이 감당할 수 없는 사람이 되는 것입니다. **여전히 혼자라도 말이죠. 여전히 외롭더라도 말이죠.**

십자가를 통과한 모든 사람은 자신의 존재가 새롭게 되는 것을 경험합니다. 이것은 처음 예수를 믿었을 때 중생, 혹은 회심, 혹은 회개, 혹은 성령세례의 개념과 다른 것입니다. 예수의 십자가의 능력은, 언제나 우리를 새롭게 하는 능력이 있습니다. 모든 상황에서 우리를 존재론적으로 일으키는 힘이 있습니다.

이 글을 읽는 그대는 혹시 자기 연민에 빠지셨나요? 그렇다면, 지금이 기회입니다. 자신의 재산과 감정과 기회를 팔아서, 이 세상에 있는 것들로 채우는 것이 아니라, 하나님을 만날 기회입니다. 십자가 앞에 서십시오. 십자가를 통과하십시오. 다시 예수를 만나십시오. 당신은 새롭게 됨을 경험할 것입니다.

그대는 잊지 마십시오. 이 땅에서 십자가 앞에서 부서지지 않을 만큼 강한 인간도 없고, 또 십자가 앞에서 다시 일어서지 못할 만큼 약할 인간도 없습니다. 그대의 모든 공허한 감정, 불협화음이 가득한 감정, 자신도 정의할 수 없는 그런 연민의 감정은 오직 십자가를 만나야 합니다.

여전히 외롭지만, 이제는 다름

그러나 존재의 새로워짐을 경험하더라도 〈외로움〉이라는 존재 의식은 여전히 달라지지 않습니다. 그리고 거기서부터 불어오는 감정의 바람과 거기서부터 피어오르는 내가 마주한 상황도 다르지 않을 것입니다. 그렇기에, 자주 언급하지만 당신은 여전히 외로울 수 있습니다.

그렇다면, 하나님을 만난 나의 외로움과 그렇지 않은 나의 외로움은 무엇이 다른 것일까요? 그것은 정확하게 표현할 수 있습니다. 그것은 두 가지입니다. **첫 번째, 〈시선의 끝〉이 달라지는 것입니다.**

하나님을 만나기 전, 십자가를 경험하기 전의 나의 외로움의 시선의 끝은 언제나 〈나〉에게로 향합니다. 그래서 나의 없음, 나의 혼자됨, 나의 감정들, 나의 건강하지 못한 해석들만 남아 있습니다. 그러나 하나님을 만나게 되면, 나의 외로움의 시선의 끝은 반드시 〈하나님〉을 향하게 되어 있습니다. 그렇기에, 지금의 나는 외롭지만, 나와 함께하시는 하나님도 동시에 보게 되는 것입니다. 나는 혼자이지만, 모든 순간에 나와 동행하시는 하나님을 동시에 보게 됩니다. 그렇기에 어떤 일, 어떤 사람, 어떤 시간 속에 있어도, 여전히 혼자일 수 있지만, 아무런 문제가 되지 않게 일하게 됩니다. 그 시선의 끝이 하나님에게 있기 때문입니다.

예수도 외롭다?

이제는 그대가 성경을 읽을 때도 조금 독특한 시선으로 보길 추천합니다. 그것은 바로 〈관계론적인 시선〉입니다. 성경에서 문자적으로 예수를 해석하게 된다면, 그분은 늘 분주합니다. 늘 사람들에게 둘러싸여 있습니다. 그리고 무엇보다 항상 사역만 합니다. 그래서 우리는 예수의 얼굴이 매번 웃음을 잃지 않고 있을 것 같다고 상상합니다. 그러나 정말 그럴까요? 〈관계론적〉으로 성경을 읽으면, 예수님만큼 외로운 사람이 없습니다. 그분은 쉬지 않고 사역을 하셨습니다. 그리고 그 사역의 대부분의 내용은, 당시 약자들의 필요를 채워주는 일입니다. 아픈 사람, 병든 사람, 가난한 사람, 또 외로운 사람, 상처받은 사람 등등의 필요를 채워주십니다. 그런데 천천히 성경을 보면 아주 심오한 것을 볼 수 있습니다. **그것은 예수는 모든 이들의 필요를 채워주지만, 예수의 필요를 채워주는 사람은 거의 없다는 것입니다.** 관계론적으로 성경을 보면 예수님은 열두 제자들과 동행하지만, 예수는 그 안에서도 언제나 혼자입니다. 그분은 이 세상의 모든 필요를 채우고 있지만, 그분의 필요를 알아주거나 채워주는 사람은 없습니다.

그대는 〈인격적〉이라는 말을 참으로 좋아할 것입니다. 그 이유는 이 단어가 관계론적인 단어이되, 결국 나를 보호하는 단어이기 때문입니다. 나의 생각, 나의 존재, 나의 말,

나의 감정 등등을 언제나 어디서나 적절한 권리로서 표현하기 위해 이 단어를 자주 사용합니다. 그래서 그대는 인격적인 사람을 좋아합니다. 그것이 아빠든, 엄마든, 직장 상사든, 교회 목사든, 내 친구든 말입니다. 무엇보다 그대는 이 단어를 하나님에게도 붙입니다. 그대는 그 인격적인 하나님에게, 나의 이야기, 나의 감정, 나의 사연 등등을 여과 없이 말할 수 있습니다. 그리고 그분은 다 들어주신다고 믿고 있습니다. 그렇죠?

그러나 이런 이해는 참 아쉬운 반쪽짜리 이해입니다. 왜냐면 인격적이라는 단어는 상호적인 단어이기 때문입니다. 쌍방적인 권리와 의미를 갖기 때문입니다. **즉, 나의 편에서 표현하고 싶은 그 모든 것을 권리로서 말할 수도 있지만, 상대의 편에서 말하는 이야기도 의무로서 함께 들을 수 있어야 하는 것이 바로 인격적인 것입니다.** 그렇기에 인격적이라는 말은, 기본적으로 나와 너의 '말하기와 듣기', 그리고 '듣기와 말하기'라고 할 수 있을 것입니다.

동일하게 적용해봅시다. 그대가 하나님을 인격적인 하나님이라고 믿는다면, 그것은 반드시 상호적인, 쌍방적인 차원에서 이루어져야 합니다. 그러나 그대는 그분의 이야기를 듣습니까? 그분의 필요를 듣습니까? 관계론적으로 성경을 보면, 예수님의 움직임 안에 있는 자간과 행간 사이에 그분의 외로움이 보입니다. 아무도 예수의 이야기를 들어주지 않습니다. 예수의 아픔을 치유하지 않습니다. 예수의 공허를 공감하지 않습니다. 성경을 보며 그대의 인격은 예수의 외로움을 볼 수 있습니까? 그대의 마음은 예수의 공허를 읽어낼 수 있습니까?

어쩌면 그대는 하나님을 하나의 시스템으로 이해하고 있는지 모릅니다. 그래서 그분은 전혀 감정이 없는 OS[operating system]로 생각합니다. 바리새인들이 꼭 그랬습니다. 하나님을 교리와 문답으로 이해했습니다. 그러나 하나님이 정말 그런 존재인가요? 예수님이 그런 존재입니까? 아닙니다. 예수는 울었고, 외로웠고, 배가 고프고, 괴롭기도 했습니다.

관계론적으로 성경을 볼 때 가장 아쉬운 것이 있습니다. 예수는 모두의 친구였지만, 모두가 예수의 친구는 아니었다는 것입니다. 그분은 모두의 필요를 물었지만, 모두는 그분의 필요를 묻지 않는다는 것입니다. 예수는 십자가에서도 외로웠습니다. 그분은 죽을 때까지 외로웠습니다. 예수가 죽기 전에 마리아가 최초로 그의 필요를 채웁니다. 순전한 나드 한 옥합을 가지고 와서 그의 발에 부은 사건입니다. 그러나 예수님의 제자들의 이해는 어떤가요?

이 향유를 어찌하여 **삼백 데나리온에 팔아**
가난한 자들에게 주지 아니하였느냐 하니
이렇게 말함은 가난한 자들을 생각함이 아니요

그는 도둑이라 돈궤를 맡고 거기 넣는 것을 훔쳐 감이러라

요한복음 12장 5,6절

예수님은 몇 번이나 자신의 죽음을 예고하셨지만, 그분의 외로움, 그분의 두려움을 위로하는 사람은 없습니다. 제자들은 예수님이 죽는 순간에도, 예수를 하나의 시스템으로만 이해하는 것입니다. "이 향유를 어찌하여 삼백 데나리온에 팔아 가난한 자들에게 주지 않았냐…"라는 것처럼요. 제자들이 전혀 인격적이지 않은 것입니다. 그대도 하나님 앞에서 이런 태도 아닌가요? 인격적인 분이 하나님이라면, 그분의 외로움, 서운함, 섭섭함, 아쉬움을 그대도 묻고 채울 수 있는 것 아닌가요? 사실, 하나님 앞에 가장 잔인한 사람은 나의 외로움만 토로하는 그대인지 모르겠습니다.

외로운 예수의 시선의 끝

예수야말로 외로웠습니다. 그러면 그분은 어떻게 이 모든 것을 극복하셨을까요? 아까도 이야기했듯이, 시선의 끝을 하나님께 두면서 극복하십니다. 예수님은 외로움의 시선의 끝을 자신에게 두지 않습니다. 하나님을 봅니다. 그 시선의 끝을 봅시다.

그러므로 너희는 이렇게 기도하라

하늘에 계신 우리 아버지여

이름이 거룩히 여김을 받으시오며

마태복음 6장 9절

서서 기도할 때에 아무에게나 혐의가 있거든 용서하라

그리하여야 하늘에 계신 너희 아버지께서도

너희 허물을 사하여 주시리라 하시니라

마가복음 11장 25절

예수께서 떡 다섯 개와 물고기 두 마리를 가지사

하늘을 우러러 축사하시고 떼어

제자들에게 주어 무리에게 나누어 주게 하시니

누가복음 9장 16절

예수께서 그들에게 이르시되

내 아버지께서 이제까지 일하시니 나도 일한다 하시매

요한복음 5장 17절

예수께서 이 말씀을 하시고

눈을 들어 하늘을 우러러 이르시되

아버지여 때가 이르렀사오니 아들을 영화롭게 하사

아들로 아버지를 영화롭게 하게 하옵소서

요한복음 17장 1절

예수는 자신의 옆에 두 사람이 있든, 한 사람이 있든, 아무도 없든 상관하지 않습니다. 오직 자신의 시선의 끝을 하나님께만 둡니다. 그 판단과 기준으로 지금을 판단하고 기준합니다. 그렇기에 함께하시는 하나님을 볼 수 있는 것입니다. 그대의 〈외로움〉이라는 〈시선의 끝〉도 예수와 같았으면 좋겠습니다. 이것이 그대가 여전히 외로울 수 있지만, 그 전과 그 후가 상당한 차이를 가지는 것입니다.

타인 보기

여전히 그대는 외롭지만, 하나님을 만난다면 전혀 다른 차원의 외로움을 경험할 수 있습니다. **그 두 번째 영역은 바로 〈타인〉을 볼 수 있는 것입니다. 이것이 이전과 달라진 외로움입니다.** 그대가 외롭기 때문에, 모든 감각을 사용해서 나만 보는 것이 아니라, 나와 비슷한 처지의 사람들을 볼 수 있습니다. 어쩌면 사랑이란, 이렇게 비슷한 처지의 사람을 나와 같이 보는 시력에서 생각해볼 수 있는 것 아닐까요?

그대가 아무리 좋은 시간, 좋은 헌신, 좋은 봉사를 하고 있더라도, 그 모든 것이 나의 이름과 감정을 위해서 집중하는 것이라면, 그것은 결코 좋은 신앙이 아닙니다. 좋은 봉사가 아닙니다. 좋은 헌신은 더더욱 아닙니다. 그것은 언제나 어디서나 있어 왔던, 지독한 자기 사랑일 뿐입니다. 그것은 아름다운 것도 멋진 것도 아닙니다.

그대는 외롭습니까? 그렇다면 이제는 그 모든 감각으로, 그 모든 에너지로 나 자신을 보지 말고, 나와 비슷한 처지에 있는 타인을 봅시다. 그렇다면, 그대는 놀랄 것입니다. 나와 비슷한 처지에 있는 수많은 사람이 내 곁에 있다는 사실에요. 실로, 수많은 남자, 여자, 노인, 청소년, 아이들이 나와 함께 있습니다. 그들은 늘 외롭고 어렵습니다. 그들은 나를 기다리고 있습니다.

좋은 친구는 무엇인가?

그대가 살아가는 이 세상은, 〈친구〉를 중요하게 생각합니다. 어릴 때부터 어른이 되기까지 이 친구 관계를 중요하게 생각합니다. 물론 저도 그렇습니다. 자녀가 있는 부모라면, 자신의 자녀가 좋은 친구를 만날 수 있도록 무리한(?) 열심을 냅니다. 그래서 조금 과한 부모님들은, 자신의 자녀가 좋은 친구를 사귈 수 있도록, 좋은 동네, 좋은 학교, 성적이 좋은 모임 등등에 자신의 자녀를 인도합니다. 부모님들은 그렇게 자기 자녀들에게 좋은 친구를(?) 만들어주는 열심을 냅니다.

그러나 성인이 되면 이야기가 달라집니다. 좋은 친구라는 것을 취미, 생각, 놀이, 가치관, 궁합이 맞는 사람으로 생각합니다. 심리학자 에릭슨은 그것을 사회적 활동이 갖는 '유머'라고 표현합니다. 즉, 유머가 맞는 사람들끼리 만난다는 것이죠. 그리고 유머가 맞지 않는 사람들은 멀리하게 됩니다. 물론 개인의 자유이기에 그럴 수 있겠죠.

그러나 성경적 가치관에서 〈좋은 친구〉란, 결코 이런 것이 아닙니다. 성경에서 말하는 좋은 친구란, 수동태로 표현할 수 있습니다. 바로 〈좋은 친구가 되어주는 것〉입니다. 너무 말장난 같나요? 아닙니다. 예수님은 실제로, 소경들, 귀머거리들, 창녀들, 세리들, 그리고 죄인이라 불리는 사람들에게, 친구가 되어주셨습니다.

인자는 와서 먹고 마시매 말하기를
보라 먹기를 탐하고 포도주를 즐기는 사람이요
세리와 죄인의 친구로다 하니
지혜는 그 행한 일로 인하여 옳다 함을 얻느니라

마태복음 11장 19절

인자는 와서 먹고 마시매 **너희 말이 보라**

먹기를 탐하고 포도주를 즐기는 사람이요

세리와 죄인의 친구로다 하니

누가복음 7장 34절

이것이 당시의 사람들이 이야기하는 〈관계적인〉 예수님의 모습이었습니다. 그분이 어울리는 사람들은, 이 사회에서 버림받은 사람들이었습니다. 그런데 이 구절에서 그대는 중요한 시선을 보아야 합니다. 첫 번째는, 마태복음과 누가복음의 기자가, 예수의 친구들(세리와 죄인)을 표현하는 이 구절을 남이 이야기하듯 말한다는 것입니다. "포도주를 즐기는 사람이요 세리와 죄인의 친구로다 하니", 뭔가 어색하지 않나요? 누가복음은 더 정확하게 인칭을 구분하여 말합니다.

"너희 말이 보라." 즉, 예수의 말이 아니라, 예수를 보고 있는 사람들의 말이 이렇다는 것입니다. 당시에 예수를 보고 있는 사람들은, 언제나 이 말을 했다는 것입니다. 당시의 사회적 시선을 생각해볼 때, 그대는 한 가지를 생각할 수 있습니다. 그것은 지금 예수의 이런 행동을, 자신과는 전혀 상관이 없는 이야기로 표현하는 것입니다. 그리고 당시의 시대와는 전혀 다른 행동으로 표현한다는 것입니다. 즉, 예수는 당시의 사회적 시선과 편견과는 전혀 다른 행동을 했다는 것입니다. 그래서 이것을 보는 사람은 인칭을 구분하여 객관적으로 보고 있는 것입니다.

이 사건을 주의 깊게 보아야 할 두 번째 시선이 있습니다. 그것은 이 사건을 표현하는 순서입니다.

"세리와 죄인의 친구로다"라는 이 관계를 표현하는 순서를 보면서, 당신은 아무런 감각이 없을지도 모릅니다. 그러나 마태와 누가는, 의도적으로 정확하게 표현합니다. **예수의 친구가, 세리와 죄인이 아니라, 세리와 죄인의 친구가 예수라는 것입니다.** 이것은 참으로 심오한 표현입니다. 이 구절을 깊게 살펴보면, 이 관계에 있어서 그 주도성을 갖는 주체가 예수가 아닙니다. **관계에 있어서 주도성을 갖는 순서는 〈세리〉와 〈죄인〉입니다. 그리고 그들의 〈친구〉가 바로 〈예수〉인 것입니다. 그대는 이것을 보면서 확실하게 알 수 있는 것이 있습니다. 그것은, 처음부터 예수가 이들의 친구로서 존재한 것이 아니라, 나중에 이들에게 친구가 되어주었다는 것입니다. 이것은 정말 중요한 것입니다. 그분은 당신의 제자들에게도 이렇게 말합니다.**

그 사람이 자기를 옳게 보이려고 예수께 여짜오되
그러면 내 이웃이 누구니이까 예수께서 대답하여 이르시되
어떤 사람이 예루살렘에서 여리고로 내려가다가
강도를 만나매 강도들이 그 옷을 벗기고 때려
거의 죽은 것을 버리고 갔더라

마침 한 제사장이 그 길로 내려가다가
그를 보고 피하여 지나가고
또 이와 같이 한 레위인도 그 곳에 이르러
그를 보고 피하여 지나가되
어떤 사마리아 사람은 여행하는 중 거기 이르러
그를 보고 불쌍히 여겨 가까이 가서
기름과 포도주를 그 상처에 붓고 싸매고
자기 짐승에 태워 주막으로 데리고 가서 돌보아주니라
그 이튿날 그가 주막 주인에게
데나리온 둘을 내어주며 이르되
이 사람을 돌보아주라 비용이 더 들면
내가 돌아올 때에 갚으리라 하였으니
네 생각에는 이 세 사람 중에
누가 강도 만난 자의 이웃이 되겠느냐
이르되 자비를 베푼 자니이다
예수께서 이르시되 가서 너도 이와 같이 하라 하시니라

누가복음 10장 29-37절

의미가 심장합니다. 좋은 친구가 되어주라고 합니다. 예수님은 좋은 친구가 있는 곳에 가서, 좋은 친구를 만나는 방법을 알지 못하십니다. 또 자기들끼리만의 취미, 기호, 성격, 공통점이 맞는, 그런 유머의 집단을 그다지 좋아하지도 않습니다. 어쩌면 성경의 고유한 의미를 살려볼 때, 이런 기호嗜好 속의 친구 만나기는 예수님이 싫어하는 방법이기도 합니다. 왜냐면, 이런 방법으로 헤롯과 빌라도가 친구가 되었기 때문입니다.

헤롯과 빌라도가 전에는 원수였으나
당일에 서로 친구가 되니라
누가복음 23장 12절

이 글을 읽는 사람들은, 저의 이야기가 너무 "과하다", 혹은 "이상적이다"라고 비판할지도 모르겠습니다. 혹은 "당신은 그렇게 친구를 만드냐?"라고 반문할지도 모릅니다. 그런 비판과 반문을 받아들이겠습니다. 왜냐면, 사실 저 역시 저의 기호와 성격과 기질에 맞는, 유머가 있는 집단이 주로 친구이기 때문입니다. 그러나, 성경을 깊이 읽으면 읽을수록, 이런 부분으로만 친구를 만들면 안 된다는 것을 점점 깊게 깨닫는 요즘입니다. 그것 역시 진지한 사실입니다.

좋은 친구가 되어주라

성경에서 말하는 좋은 친구란, 우리가 알고 있는 그런

의미가 아니라고 이야기했습니다. 성경에서 말하는 좋은 친구란, 한마디로 좋은 친구가 되어주는 것이라고 했습니다. 이것은 새로운 진리이자 불변의 진리입니다.

만약, 그대가 외로움이라는 〈존재론적 공간〉에서 하나님을 만났고, 십자가를 경험하는데도 불구하고 여전히 외롭다면, 그대의 시선의 끝을 하나님께 두자고 했습니다. 그리고 두 번째로 우리와 처지가 비슷한 사람에게 두자고 했습니다. 그럴 때, 놀라울 만큼 내 주변에 사람이 많다는 것을 깨닫게 된다고 이야기했습니다. **그렇다면, 마지막입니다. 그들에게 다가가서, 당신이 좋은 친구가 되어주는 것입니다.** 물론, 그대가 다가가는 그 사람들은, 기호도 맞지 않고, 성격도 다르고, 방향도 다르고, 유머가 전혀 통하지 않는 사람일 수 있습니다. 그러나 좋은 친구가 되어주는 것은, 그런 것을 뛰어넘는 의미임을 이미 알 것입니다.

그대는 처음부터 만들어진 친구만 진짜 친구라고 생각합니다. 우정의 연수가 깊은 친구만 참된 친구 관계라고 생각합니다. 그리고 그 관계를 지키는 것이, 최고의 방법이라고 생각합니다. 그래서 이 관계를 지키지 못한 사람을 가리켜 사회는 이렇게 부릅니다. "왕따", "실패자", "배신자", "찌질이", "못난이", "관계 장애인" 등등입니다. 그러나 관계를 이렇게만 이해하는 것은 정말 편협한 생각입니다. 관계에 있어서 그대에게 이런 원초적인 이해만 있다면, 우리는 유치원

때 만난 관계만 진짜입니다. 초등학교 때 만난 관계만 진짜 관계가 되는 것입니다.

이 글을 읽는 그대에게 묻고 싶습니다. 당신은 관계에 실패한 사람입니까? 그래서 혼자입니까? 외롭습니까? 주변에 친구가 없습니까? 그렇다면, 이제는 관계를 조금 다르게 생각해보는 것은 어떨까요? 내가 주어가 되는 관계 말고, 내가 서술어가 되는 관계 말입니다. 예수가 중심이 되어 세리와 죄인의 친구가 된 것이 아니라, 세리와 죄인이 중심이 되어 예수가 그들의 친구가 되어준 것처럼 말입니다. 그대가 좋은 친구를 구하는 것이 아니라, 그대의 주변에서 그대와 비슷한 사람에게 주저 없이 다가갑시다. 그리고 그들을 향해 먼저 좋은 친구가 되어줍시다. 그럴 때 모든 관계가 다시 일어나는 것을 경험할 것입니다. 다시 한번 말하지만, **성경은 친구가 되어주는 것을 좋은 친구라고 말합니다. 당신이 그런 사람이길 바랍니다.**

그러나 나는 당신이 얼마나 외로운지 알고 있습니다. 저 역시 그런 시간을 견뎠기 때문입니다. 그래서 이 글을 읽는 그대여, 너무 힘이 들면 나에게 연락하십시오. 내가 친구가 되어 드리겠습니다. 화려하고 비싼 밥은 못 사주지만, 따듯하고 포근한 밥 한 끼는 사주겠습니다. 참말이고 진심입니다. 우리 그렇게, 그렇게 우리가, 서로가 서로에게 친구가 되어주는, 좋은 친구가 됩시다.

3장

혼밥

유행어

참 많은 유행어가 생겨났습니다. 꽃밭에도, 길거리에도, 화장실에도, 운동에서도 모두를 공감하게 하는 유행어는, 계속해서 잉태되고 있습니다. 그래서 제가 알고 있는 유행어를 이 작은 지면에 적어 내려가는 것이 무섭습니다. 그 이유는 이 유행어들을 적어 내려가는 순간, 또 이 유행어는 시대에 뒤떨어져 사라지는 것 아닐까 하는 허무함과 두려움 때문입니다. 그래서 각주로만 적어 넣겠습니다.* 각주 한번 보시죠?

그대는, 요즘 유행어를 얼마만큼 알고 있나요? 그리고 이렇게 수많은 유행어는 누가 만들었을까요? 참으로 재미있고 신박합니다. 그런데 이 유행어에는 아픔도 있습니다. 가볍게 생성되는 만큼, 더 가볍게 바람과 함께 사라진다는 것

*

유행어 팬아저 = 팬 아니어도 저장, 일생가? = 일상생활 가능?, 롬곡 = 눈물, 혼코노 = 혼자코인노래방, 이생망 = 이번 생은 망했다, 법블레스유 = 법이 아니었음 너는 이미 칼 맞아 죽었다, 롬곡옾높 = 폭풍눈물, 별다줄 = 별 걸 다 줄인다, 좋못사 = 좋다 못해 사랑한다, 나일리지 = 나이 + 마일리지, 제곧내 = 제목이 곧 내용, 복세편살 = 복잡한 세상 편하게 살자, 괄도 네넴띤 = 팔도 비빔면, 덕페이스 = 셀카 찍을 때 입술을 내미는 표정, 애빼시 = 애교 빼면 시체, 발컨 = 발로 컨트롤, 영고 = 영원한 고통, 비담 = 비주얼 담당, 커엽다 = 귀엽다, 와우내 = 놀라움을 나타내는 감탄사, 톤그로 = 화장한 얼굴이 너무 떠서 어그로 된다, 읽페 = 페북스토리 읽으면 페메 보낸다, 좋페 = 좋아요 누르면 페이스북 메세지 보낸다, 우유남 = 우월한 유전자를 가진 남자, 노란마트 = 이마트, 막내온탑 = 막내가 윗사람보다 강한 면모를 보여주는 것, 누물보 = 누구물어본사람?, 문찐 = 문화찐따, 번달번줌 = 번호 달라 하면 번호 줌, 삼귀다 = 사귀다보단 덜한 사이, 고답 = 고구마 먹은 것처럼 답답하다

입니다. 그래서 언어가 가지고 있는 진중함과 무게감을 담아, 공식적인 글과 공식적인 문서에 사용하기가 어렵습니다. 그러나 가끔씩, 이런 것들을 역전하는 유행어도 있었습니다. 그래서 공식 문서에도, 정식 TV 프로그램에도, 라디오에도, 인터넷에도, 책으로도 나오는 유행어가 있습니다. 대한민국에서 그 대표적인 유행어가, 바로 〈혼〉이라는 접두사가 붙은 단어들입니다. 〈혼밥〉, 〈혼술〉, 〈혼집〉, 〈혼여행〉, 〈혼영〉 등등의 표현들입니다. 이 〈혼〉이 붙은 단어들은, 네이버 국어사전에 정식으로 등록이 될 정도이니, 사람들의 공감과 호응도를 알 만합니다. 이제는 혼자 하는 식사, 술, 커피, 여행, 영화, 집 등등이, 하나의 문화가 되어버린 것 같습니다.

그래도 밥을 먹어야 한다

그대는 혼자인가요? 아닌가요? 뭐 상관이 없습니다. 이 사회에서 그대가 혼자로서 존재한다는 것을 알아볼 수 있는 사회적 표시가 있습니다. 그것은 바로 〈혼밥〉입니다. 만약 그대가 혼자 밥을 먹고 있다면, 그것은 그대가 혼자라는 사회적 증거입니다. 물론 혼밥이 가득한 세상 속에서, 이제는 혼밥이 특별한 의미를 갖는 어떤 행위는 아닙니다. 부정적인 의미도 결코 아니지요. 그러나 체면문화와 보여주기식문화, 그리고 식사문화를 중요하게 여기는 우리에게, 그래도 혼밥은 조금 부담스러운 것이 여전한 사실입니다.

그러나 조금 너그러워져봅시다. 바쁜 점심시간에 혼자 밥을 먹는 것은 그래도, 넘어갈 만합니다. 너도, 나도, 바쁘니까 말입니다. 그러나 퇴근 후의 식사라든가, 주말과 공휴일의 식사가 혼밥이라면, 조금은 우울합니다. 그것뿐만 아니라, 나를 보는 여전한 사회적 시선들이 존재합니다. 혼자 식사하는 나를, 스쳐 지나가듯 보는 눈빛에는 왠지 모를 조소나 동정이 깃들어 있는 것 같아서 싫습니다. 그대는 이런 시선을 느낀 적이 있나요? 이럴 때는 어떻게 해야 하는 걸까요?

억울할 때도 있습니다. 그것은 바쁜 일정을 버리고, 많은 사람들과의 약속을 뒤로하고, 혼자 여유로운 식사를 즐길 때입니다. 나만의 시간을 갖기 위해서, 스스로 만든 시간인데, 수많은 사람의 시선들 때문에 상당히 불편할 때가 있습니다. 어쩌면 오늘날 대한민국은 말의 참견이 아니라, 시선의 참견으로, 그 모든 경계를 허물고 우리의 선을 넘어 다가오는지 모르겠습니다.

그래서 혼밥(혼자밥), 혼식(혼자식사), 혼차(혼자먹는차), 혼커(혼자먹는커피) 등등 혼자 먹는 식사를 경험해본 사람은 알 것입니다. 그것은 결국 쓸쓸하다는 것입니다. 아무리 요즘 트렌드trend라고 해도, 외롭습니다. 아무리 화려한 식사를 먹어도 맛이 없습니다. 아무리 편안하게 먹어도, 결국 불편한 시선을 만나게 됩니다. 그래서 어쩌면 미학인 것이, 어쩌면 모순인 것이, 우리의 〈혼자식사〉에 고스란히 담겨 있습니다. 그리고 중요한 것은 그대는 4시간 뒤면, 혹은 5시간 뒤면 다시 배가 고프다는 것입니다. 자의적이든, 타의적이든, 그대는 또 혼자 밥을 먹어야 합니다.

안타까운 밥값

가끔씩 혼자 먹는 밥이 싫을 때가 있습니다. 그것이 지칠 때가 있습니다. 그래서 같이 먹을 사람도 없는데, 같이 먹고 싶은 사람도 없는데, 핸드폰 전화번호부의 모든 이름을 뒤적입니다. 결국 겨우, 겨우 5명을 찾습니다. 그중 4명에게 거절을 당하고, 1명과 약속을 겨우겨우 잡습니다. 약속이 성사된 이유는 간단합니다.

"내가 밥 살 테니까, 같이 밥 먹자…"

그렇게 겨우 만난 사람과 밥을 먹습니다. 그런데 대화는 재미가 없습니다. 어떤 주제에 있어서 너무나 다른 의견 때문에 화가 나기도 합니다. 밥이 입으로 들어가는지, 코로 들어가는지 도저히 모르겠습니다. 결국 나는 하나의 감정을 직면하게 됩니다.

"아… 밥값이 아깝다…"

그러나 그대가 먼저 약속한 것이기에 돈을 냅니다. 그러나 더 충격적인 것은, 그대가 밥을 샀는데, 상대방은 가장 기본적인 "잘 먹었다_"라는 인사조차 없습니다.

이런 경우는 어떤가요? 그대는 선배입니다. 혹은 부장입니다. 혹은 언제나 어디서나 항상 밥을 사야 하는 사회적 위치입니다. 그래서 어쩔 수 없이 늘 타인의 밥값을 자주 내줍니다. 그대에게 밥을 얻어먹은 사람들은 늘 "감사합니다"라고 이야기합니다. 그대는 밥값을 자주 내기에, 은근히 인기가 좋습니다. 그러나 월말에 배달되는 카드 내역서를 보며 절망합니다. 사실, 그렇게 밥값을 낼 필요가 없고, 그렇게 많은 사람과 밥을 먹을 이유도 없는데, 사회적 당위성으로 밥을 먹습니다. 결국 한 달을 계산해보니, 밥값으로만 지출되는 돈이 상당합니다. 늘 울고 웃고 절망하고 절절맵니다.

이런 경우는 어떤가요? 친한 친구들 5명이 있습니다. 자주 밥을 먹고 커피를 마십니다. 그런데 꼭 1명이, 밥값을 계산할 때는 소극적이고, 화장실에 가고, 지갑을 가져오지 않았다고 하고, 시무룩하게 말이 없습니다. 그 친구는 돈이 없는 친구가 아니라, 적당한 직장생활을 합니다. 그렇기에 평소 좋은 옷도, 신발도, 가방도, 지갑도 가지고 있습니다. 자기에게는 아낌없이 투자하는데, 함께 먹는 밥값과 커피값에는 인색합니다. 그래서, 4명의 친구들이 이야기를 합니다.

"너의 그런 태도 때문에 불편하다"

그런데 그 친구가 반성하기는커녕 오히려 화를 냅니다.

"친구들끼리 밥값 때문에 그러냐!!!"
"잘 생각해봐, 나도 밥 많이 샀어!!"

그 친구는 적반하장입니다. 그런데 얼마나 자주 사지 않았는지, 애써 기억해도 기억이 나지 않습니다. 오히려 생각하면 할수록 계산할 때 늘 그렇게 소극적이던 기억의 잔상이 남아 있습니다. 그래서 단순한 밥값 하나로 그동안 쌓아온 우정이 힘들어지기도 합니다.

그대의 이야기인가요? 아닙니다. 사실 저의 이야기입니다. 저의 직업은 월급과는 전혀 상관없이 밥값을 자주 내야 하는 위치입니다. 그래서 그런지, 밥과 밥값에 관해서 꼴뚜기 같은 사람, 오징어 같은 사람, 메뚜기 같은 사람, 멍게, 해삼, 말미잘 같은 사람들이 늘 있었습니다. 또한 너무나 웃기고 슬프고, 황당하고 어이없는 일들이 자주 있습니다. 그대는 어떤가요? 그대는 이럴 때마다 어떻게 합니까?

아니면, 그대는 이런 말에 공감을 못합니까? 그렇다면 그대는 둘 중 한 가지입니다. 그대가 그런 밥값의 꼴뚜기, 오징어, 메뚜기, 멍게, 해삼, 말미잘 같은 사람이거나, 아니면 엄청난 부자이거나 말입니다. 사실 우리의 사회생활에는 이런 안타까운 밥값이 나갈 때가 자주 있습니다. 이럴 때는 어떻게 해야 할까요? 솔로몬을 불러서 재판을 해야 하는 걸까요? 예레미야처럼 울어야 할까요?

그래서 혼밥이 답이다?

밥값에 있어서 이런 것들을 경험한 사람들은, 밥값에 대해서 냉정해지게 됩니다. 그리고 나름의 경험을 살려, 철학적인 다짐을 합니다. 그 단출한 외침은 이런 것들입니다. "이제는 혼자 먹을 거다", "이제는 더치페이다", "이것저것 생각할 것 없이 혼밥이 마음 편하다" 등등입니다. 그래서, 그대는 또 혼밥을 선택합니다. 얼마나 마음이 편한가요? 즐거운 마음으로 혼자 식사를 즐깁니다. 그렇게 혼자 식사를 하니, 누군가와 대화할 필요도 없기에, 여유까지 생깁니다. 또 얼마나 좋은가요?

그러나 중요한 것은, 이것도 한두 번이라는 것입니다. 혼밥의 행위가 10번만 지속되어도 결국은 힘들어질 것입니다. 왜 그럴까요? 그것은 앞서 언급했듯이, 누군가의 시선들이 계속 좇아오기 때문입니다. 그리고 무엇보다 자기 마음에서부터 올라오는 연민의 감정이 나를 힘들게 하기 때문입니다. 그렇기에 결국 혼밥도 답이 아닙니다.

이 세상은 시스템으로 이 땅에 있는 모든 현상을 이해합니다. 그렇기에 "1+1=2"라는 메커니즘으로 모든 현상을 이해하고 파악하려 합니다. 그런데 정말 그런 메커니즘으로, 이 땅에 있는 모든 것을 파악할 수 있을까요? 무엇보다, 우리 인간의 마음에 있는 공허의 영역, 혹은 관계의 영역, 혹은 나도 알 수 없는 마음의 영역을 어떤 메커니즘으로 다 파악할 수 있을까요? 인간관계에도 그런 메커니즘적인 답이, 해답으로서 존재한다면 이 땅에 외로운 사람은 없을 것입니다. 인간의 마음의 영역에도 그런 메커니즘적인 답이, 정답으로서 존재한다면 이 땅에 불행한 사람은 없을 것입니다.

여러분도 살면서 '자기계발서'라고 불리는, 혹은 '관계의 법칙'이라고 불리는, 혹은 '마음의 수행'이라고 불리는, 수많은 책을 보았을 것입니다. 그 책에 적혀 있는 대부분의 교훈은 모두, 어떤 메커니즘적 법칙을 이야기합니다. 그런데 잘 됩니까? 정말 그것이 답으로서 우리의 현실 세계에 적용이 되던가요? 상황에 따라서, 사람에 따라서 누군가에게는 친절을 베푸는 것이 답이 될 수도 있고, 독이 될 수도 있습니다. 상황에 따라서, 사람에 따라서 누군가에게는 안부를 묻는 것이 예의가 될 수도 있고, 오지랖이 될 수도 있습니다. 어떤 관계의 법칙이, 어떤 마음의 법칙이, 누군가에게는 〈답〉이 될 수도 있지만, 누군가에게는 〈독〉이 될 수도 있습니다. 왜 그럴까요? 그것은 모든 것이 개별성을 가지고 있기 때문입니다. 인간의 마음은 그렇게 쉬운 것이 아닙니다. 결코, 메커니즘적인 것들로 이해할 수 있는 것이 아닙니다.

우리는 지금 밥을 먹는 문제를 이야기하다가 여기까지 왔습니다. 밥을 먹되 혼밥을 먹는 사람들과 그 시선을 이야기하고 있었습니다. 그러다 수많은 밥값이 부담되어서, 억울한 밥값이 짜증나서, 다시 혼밥을 답으로 선택하는 이야기를 하다가 여기까지 왔습니다.

그래서 중요한 것을, 그대가 깨달아야 합니다. 그것은 결국 혼밥이 "답이다" 혹은 "답이 아니다"라고 말할 수 없다는 것입니다. 그리스도인의 1인 감정을, 그런 처세술로 이야기하고 싶지 않습니다.

혼밥보다 더 중요한 것

이제부터 중요한 이야기를 해보려고 합니다. 그것은 인간론적인 관점에서 〈먹음〉의 행위입니다. 모든 인간은 계속해서 먹습니다. 또한 계속해서 마십니다. 인간이라는 존재는 어떤 일을 하든, 어떤 장소에 있든, 4시간 또는 5시간 뒤면 다시 배가 고픈 존재입니다. 그것이 주식이든, 간식이든, 야식이든 말입니다. 매일 식사를 하는 우리는 참으로 신비한 존재입니다.

그러나 매일 식사를 하되, 어떤 식사에 따라서 자신이 행복할 수도 있고, 우울할 수도 있게 됩니다. 그런 우리는 참으로 이상한 존재입니다. 어떤 식사를 하되, 누구와 함께 밥을 먹는지에 따라서 웃기도 하고 괴롭기도 하고 서럽기도 한 우리는, 참으로 아련한 존재입니다. 여하튼 중요한 것은 인간은 먹는 것과 상당히 밀접하게 관련되어 있다는 것입니다.

좀 더 구체적인 질문을 해봅시다. "……. **그리고, 그래서, 그렇기에, 그렇다면, 우리는 어떻게 해야 하는 걸까요?"** 사실 이 질문이 가장 중요한 것입니다. 그 이유는 여기에 우리의 본질적인 존재감이 숨어 있기 때문입니다. 그래서 이 질문을, 다시 질문해봅시다.

"……. **그리고, 그래서, 그렇기에, 그렇다면, 그리스도인은(우리는), 어떻게 해야 하는 걸까요?" 여기서 가장 그리스도인다운 마음가짐과 행동양식은 무엇일까요?** 그리스도인인 그대는 식사를 대하는 자세가, 당연히 이 땅에 있는 그 어떤 사람과는 달라야 합니다. 그렇다면 그것은 무엇일까요? 사실 여기서부터 참된 질문과 고민을 시작해야 합니다. 그대가 그리스도인이라는 사실 말입니다. 그대가 〈그리스도인〉이라는 부분을 골똘하게 고민해야 합니다. 그럴 때 〈혼밥〉이든, 〈덮밥〉이든, 〈오뚜기밥〉이든, 〈모두의밥〉이든 중요하지 않습니다. 따라서 **혼밥보다 중요한 것은, 그대가 그리스도인이라는 사실입니다.**

그리스도인의 식사법

그리스도인인 우리는 하나의 공통점을 가지고 있습니다. 그것은 무엇을 하든지, 하나님께 다시 묻는 원심력이라고 하고 싶습니다. 그래서 하나님께 물어봅시다. 하나님은 왜 인간을 이렇게 만들었을까요? 하나님이 인간을 만드시되 매일 식사를 하는 존재로 만들었습니다. 매일 식사를 먹되 3번을 먹어야 하고, (물론 사람에 따라서는 4,5번 먹는 사람도 있겠죠?) 커피도, 과일도, 과자도, 빵도 먹어야 합니다. 심지어 야식도 자주 먹습니다. 혼자이든, 여럿이든 상관없습니다. 삶이라는 인생의 메커니즘을 설명할 때 우리가 자주 하는 이야기가 있습니다. 그것은 **삶이란, 인생이란, 〈먹.고.사.는.문.제〉**

라고요. 인간에게 먹는 것은, 그만큼 사는 것과 연관이 되어 있습니다. 도대체 하나님은 우리를 왜 이렇게 만들었을까요? 이 질문에 대한 답은 나중에 하겠습니다.

우리의 공통점이 그리스도인이라면, 우리의 공통점에는 식사를 할 때 더욱 분명해집니다. 왜냐면, 우리 모두 식사를 할 때 하는 행위가 있기 때문입니다. 이 신앙의 행위는 언어와 성격과 가치관이 달라도, 전 세계 그리스도인이 항상 하는 것입니다. **그것은 바로 〈식사기도〉입니다. 이것이 엄청난 공통점입니다. 그리고 여기서부터 가장 그리스도인다운 식사의 본질적인 의미를 추구할 수 있습니다.**

그리스도인의 식사와 식사기도에는 엄청난 의미들이 있습니다. 수많은 의미의 도열을 여기서 펼쳐낼 수 없지만, 가장 중요한 핵심적인 이야기를 해보려고 합니다. **그것은 바로, 모든 식사는 〈거룩하다〉는 것입니다.** 그것이 성경의 일관된 주장입니다. 그렇다면 왜 식사는 거룩할까요? 천연재료를 써서요? 분위기 있는 그릇에 담았기 때문에요? 무드mood 가득한 조명 속에서 식사를 하기 때문에요? 아니면 함께 식사를 하는 사람이 격식 있는 사람들이라서요? 아닙니다. 결코 아니지요. 4,5시간 뒤면 어김없이 배고픈 식사를, 오히려 이런 조건 속에서 매번 하는 사람은 거의 없을 것입니다.

그리스도인의 식사와 식사기도는, 한 가지 지점을 분명히 인정하는 것입니다. 그것은 "모든 식사는 거룩하다"는 것입

니다. 그 이유는 아주 단순합니다. 이 모든 먹을거리는 하나님이 주신 것이기 때문입니다. 그렇기에 식사의 메뉴와 분위기와 조명과 접시와 먹는 장소에 상관없이 식사는 거룩한 것입니다.

그대가 자주 오해하는 말씀이 있습니다. 그것은 디모데전서에 있는 짧은 구절입니다.

하나님의 **말씀과 기도로 거룩하여짐이라**

디모데전서 4장 5절

그대는 이 말씀을 사람에게 적용합니다. 혹은 교회에 적용합니다. 이 구절이 왜 적혀 있는지 고민도 하지 못한 채, 하나님의 〈말씀+기도〉라면, 사람은 거룩해질 수 있다고 생각합니다. 그렇죠? 물론 틀린 말은 아닙니다. 그러나 맞는 말도 아닙니다. 바울은 이 말을 할 때 분명한 의도를 가지고 사용하고 적었습니다. 그것은 음식입니다. 이 말씀은 〈음식〉에 관해서 한 말입니다. 너무 충격적이라고요? 아닙니다. 성경을 의식 없이 읽으면 누구나 그럴 수 있습니다. 이 구절의 앞 절을 보면, 그 의미가 정확하게 파악이 됩니다.

혼인을 금하고 **어떤 음식물은 먹지 말라고 할 터이나**
음식물은 하나님이 지으신 바니

믿는 자들과 진리를 아는 자들이

감사함으로 받을 것이니라

하나님께서 지으신 모든 것이 선하매

감사함으로 받으면 버릴 것이 없나니

하나님의 **말씀과 기도로 거룩하여짐이라**

디모데전서 4장 3-5절

여기서 디모데전서는 어떻게 이루어졌는지, 디모데전서 4장에는 무슨 일이 있는지, 혹은 바울은 왜 이렇게 말했는지를, 지면 관계상 설명할 수는 없습니다. 그러나 한 가지는 정확하게 말하고 싶습니다. **그것은 모든 음식은 하나님의 말씀과 기도로 거룩하다는 것입니다.** 그 이유는 하나님께서 주신 이 땅의 것들이기 때문입니다. 지금 바울은 그것을 강조하는 것입니다. 예수님도 바리새인들과 논쟁을 하는데, 이런 재미있는 말씀을 하십니다.

무엇이든지 밖에서 사람에게로 들어가는 것은

능히 사람을 더럽게 하지 못하되

사람 안에서 나오는 것이

사람을 더럽게 하는 것이니라 하시고

무리를 떠나 집으로 들어가시니

제자들이 그 비유를 묻자온대

예수께서 이르시되 너희도 이렇게 깨달음이 없느냐
무엇이든지 밖에서 들어가는 것이
능히 사람을 더럽게 하지 못함을 알지 못하느냐
이는 마음으로 들어가지 아니하고
배로 들어가 뒤로 나감이라
이러므로 모든 음식물을 깨끗하다 하시니라

마가복음 7장 15-19절

물론 여기서도 마가복음이란 무엇인지, 마가복음 7장은 무슨 내용인지, 예수님이 왜 바리새인과 논쟁을 했는지, 그 핵심은 무엇인지, 두 논쟁을 어떻게 바라봐야 하는지를 다 설명할 수는 없습니다. 그러나 확실한 한 가지는 설명하고 싶습니다. 그것은 예수님이 거룩과 거룩하지 않음을 대비해서 설명할 때, 음식은 거룩하다는 것을, 거룩을 비유하며 설명하고 있다는 것입니다. 왜 그렇겠습니까? 그 이유는 하나님이 주신 것이기 때문입니다.

그리스도인인 그대는 주로 무엇을 먹고 있나요? 어떤 밥과 반찬과 국을 먹고 있나요? 그리고 어떤 사람과 먹고 있나요? 좋은 메뉴입니까? 혼자입니까? 뭐든 상관없습니다. 그러나 그대여, 이것 하나는 잊지 맙시다. **그대는 지금 하나님이 주신 것들을 먹고 있다는 것입니다.** 그대가 어릴 때부터, 어른이 된 지금 이 순간도 하나님이 주신 것들을 먹고 여기까지 온 것입니다. 그대가 하나님의 마음을 아프게 할 때도, 그대가 하나님의 마음을 기쁘게 할 때도, 하나님이 주신 것들을 먹고 있었습니다.

구약에는 말도 안 되는 기적들이 있습니다. 그 대표적인 기적들이 출애굽 사건입니다. 그 무수한 여정은 홍해를 가르고, 광야 40년을 지나, 다시 가나안으로 가는 것입니다. 이것이 국가로서 이스라엘의 시작입니다. 그런데 참으로 무서운 것은 이 모든 여정 가운데, 이스라엘 백성들은 항상 먹을 것으로 하나님께 불평하고, 먹을 것으로 하나님을 희망합니다. 다시 애굽으로 돌아가고 싶은 이유도, 과거 그들이 먹었던 것을 그리워하는 이유입니다. 가나안을 정탐하여 가나안에 들어갈 수 없다고 믿음 없이 보고한 이유도, 가나안 원주민들이 어깨에 두른 먹거리 때문이었습니다. 만나와 메추라기를 볼 때는 희망을 품고, 마라의 쓴물이 단물로 바뀔 때는 노래를 부릅니다. 그러나 이내 금방 시들해져 음식으로 하나님을 원망합니다.

우리는 이런 광야의 여정을 보면서 우리의 모습을 반성합니다. 먹을 것으로 울기도 웃기도 하는 우리의 모습이 아련합니다. 그리고 무엇보다 하나님의 위대하심을 찬양합니다. "하나님은 이스라엘 백성들을 먹이시는 분이다"라고요. 신약에서도 오병이어를 보며 우리는 감탄합니다. "어떻게 물고기 두 마리와 보리떡 다섯 개로 그 수많은 사람을 배불리

먹였을까?" 합니다. 그리고 하나님을 향한 믿음을 가집니다.

그러나 더 중요한 것이 있습니다. 이 모든 하나님의 기적은(?) 하나님의 위대하심에 비하면 아무것도 아니라는 것입니다. 왜냐면, 하나님은 지금도 전 세계를 먹이시는 분입니다. 우리 한번 깊이 생각해봅시다. 출애굽보다, 오병이어보다, 혹은 성경의 그 어떤 음식의 기적보다 더 큰 것은, 지금도 하나님이 전 세계를 먹이고 있다는 사실입니다. 우리 인간뿐만 아니라, 땅의 동물과 하늘의 동물과 물속의 고기들과 식물과 나무와 미생물까지. 전 세계의 살아 있는 모든 것들을 먹이시는 분입니다. 우리 하나님은 그런 분입니다.

이 자체를 묵상하면 묵상할수록 힘이 나지 않습니까? 그대가 **하나님이 주신 것을 먹고 있다는 것은, 그분과 끊을 수 없는 관계에 있다는 것입니다.** 그대의 식사기도는, 이런 위대한 〈신앙고백〉이 있는 것입니다. 우리의 식사기도, 그것은 무엇을 의미하는 걸까요? 그것은

"나는 당신이 주는 밥을 먹습니다."

"그렇기에 나는 당신과 관계가 있는 사람입니다."

이 본질적인 그리스도인의 식사를 깊이 생각해봅시다. 그렇다면, 그대의 혼밥은 문제가 되지 않습니다. 또 가끔 밥값을 억울하게 낼 때도, 다른 마음을 가질 수 있게 되는 것입

니다. 물론 여전히 아까운 밥값들이겠지만, 조금은 더 여유로워지는 것입니다.

매번 식사를 하면서, 당신은 오직 한 가지만을 집중합니다. 그것은 바로 나의 〈감정〉입니다. 그 감정이 꽤 근거가 있거나, 정확한 논리가 있거나, 타당한 이유가 있는 것이 아닌데도, 나의 감정의 고삐를 풀어버립니다. 그래서 한 끼의 식사에, 무엇을 먹을지 고민하며, 누구와 먹을지 고민하며, 울고, 웃고, 좌절하고, 슬프고 바람에 나는 겨와 같게 됩니다. **물론 감정이라서 그럴 수도 있겠지만, 어디까지나 그것은 감정입니다.** 그런 모든 감정을 존중할 필요는 없는 것입니다. 그 감정으로 모든 것을 현실화하는 것은 위험합니다. **〈그리스도인〉은 그런 〈감정〉을 넘어서, 그분이 주신 것을 생각하며 감사하는 사람입니다. 그럴 때 〈혼밥〉이라도 감격 속에서 먹을 수 있는 것입니다.**

온 땅의 응원

이제는 당신이 다른 것을 생각해보았으면 좋겠습니다. 그것은 이 식사 자체에 관한 신앙고백입니다. 혹시, 나의 월급이, 나의 노동력이, 나의 노력이 이 식사를 만들었다고 생각합니까? 한 끼의 식사를 그렇게만 이해한다는 것은, 그 생각이 여전히 논리적이고 타당하다고 생각하더라도, 당신은 하나님을 모르는 것입니다. 방금도 충분히 이야기했지만, 지금 내가 먹고 있는 식사는 하나님이 주신 것입니다. 내 입에 들어와, 입 안에서 씹히는 쌀, 반찬, 국물, 고기, 생선, 소금, 간장, 고춧가루, 나물들 등등은 모두 하나님이 주신 것입니다. 그러나 이 모든 것들이 저절로 생겨났을까요? 아닙니다. 이것들은 한껏 당당하게 이 땅의 모든 생명의 희로애락을 다 견디고 결실된 열매입니다. 땅에서, 산에서, 바다에서, 하늘에서. 태양의 열기와 바람의 추위와 별빛과 달빛의 시간을 당당히 이겨내고 잉태한 존재입니다. 우리 인간은 이것들을 씹어 먹으며 생존합니다. 이것들의 수많은 희생으로, 그대는 4시간을, 혹은 5시간을 생존하는 것입니다. 그대의 작은 과자에도, 주스에도, 커피에도 그런 의미들이 있는 것입니다.

그렇다면, 그대는 그 어떤 것에도 절망할 수 없습니다. 오히려 그대는 한 끼의 식사를 먹을 때마다 미안한 마음과 고마운 마음으로, 더욱 용기를 내면서 살아야 합니다. 그대의 생존을 위해서 온 땅에서, 산에서, 바다에서, 바람에서, 하늘에서 응원하는 소리를 들어야 합니다. 그대여, 작아지지 맙시다. 그대를 살게 하기 위해서, 그대를 위해 희생하는 한 끼의 식사가 있지 않습니까.

그리스도인의 식사와 식사기도

그래서 그대의 〈식사기도〉는 이제 달라져야 합니다. 보통의 그리스도인이 하는 식사기도, 아니, 그대가 하는 식사기도의 내용은 무엇입니까? 곰곰이 생각해봅시다. 식사를 대하는 그대의 기도가 단순히 "하나님, 잘 먹겠습니다", 혹은 "하나님, 고맙습니다", 혹은 "하나님, 소화 잘되게 해주세요" 등등의 정도의 기도라면, 그것은 유치원생들이 밥을 먹을 때 부르는 식사동요와 별로 다른 것이 없습니다. 혹은 그대의 식사기도가 잠시 눈을 감는 시늉(의식)이라면, 그것은 너무나 초라한 기독교의 세레모니ceremony일 것입니다.

그리스도인의 독특한 식사법인 식사기도는 아름다운 역사를 가지고 있습니다. 그것은 바로 신앙고백의 역사입니다. 초기 기독교인들은 식사를 통해서, 자신이 누구를 섬기는지, 자신은 어떤 사람인지를 정리했습니다. 한 끼의 식사마다 하나님을 고백하며, 하나님을 생각했습니다. 참 재미있는 것은, 하나님은 인간에게 하루에 3번을 먹게 하시면서, 인간과 음식과의 관계를 필연적이게 하십니다. 왜 그럴까요? 그것은 인간이 그분을 자주 생각하게 하심입니다. 그리고 먹을 것으로 말미암아 인간의 신앙이 성장하게 함입니다. 너무 과한 해석이라고 생각하시나요? 그렇다면 구약의 역사부터 천천히 정리해봅시다. 그리고 인간을 자주 먹고 마시는 존재로 만들어놓으신 그분의 의도를 천천히 살펴봅시다.

태초에 하나님께서 인간에게 무엇을 주셨을까요? 바로 먹거리를 주셨습니다. 인간에게 먹는다는 것은 그 어느 것보다 중요한 문제입니다. **하나님께서 세상을 창조하실 때에 인간에게 어디서 잠을 자고, 무엇을 입고 살아가야 하는지를 가르치시지 않고 무엇을 먹어야 하는지, 무엇을 먹지 말아야 하는지 알려주십니다. 그것이 그대가 잘 알고 있는 선악과의 문제입니다. 즉, 하나님은 인간에게 가장 먼저 〈음식법〉을 알려주십니다. 놀랍지 않나요?**

뿐만 아니라 구약성경 전체에도 **"음식에 관한 이야기가, 곧 신앙에 관한 이야기다"**라는 말이 어색하지 않을 정도로 매치되어 나타납니다. 그것을 가장 잘 보여주는 것이 **이스라엘의 〈절기〉와 〈절기 음식〉입니다.** 이스라엘 백성에게 있어 절기 음식은 그들의 정체성 형성과 신앙에 중요한 위치를 차지합니다. 이스라엘 백성들은 식사 자리에서 자신이 누구인지 깨달아가고, 하나님의 백성으로 세워져 갔다고 할 수 있습니다. 안식일 식사와 함께 유월절 식탁이 좋은 예가 됩니다. 안식일 식사는 매주 준비하고, 함께 식사를 나누며, 자신과 자신이 속한 공동체가 누구인지 깨닫고 기억하는 시간입니다.

유월절 식사는 그 음식만으로도 이미 모든 가르침의 내용을 담고 있는 식사라고 할 수 있습니다. 출애굽의 역사 속에서 먹었던 만나와 메추라기의 이야기, 반석을 쳐서 나온

물의 이야기, 마라의 쓴물 이야기, 또한 여리고를 정탐했던 갈렙과 여호수아의 이야기 모두 음식을 대하는 자세 안에서 하나님을 향한 자세가 어떠해야 하는지를 보여줍니다.

구약성경에 등장하는 이스라엘 백성들이 지켜야 할 율법 613개 조항 중 적어도 50개는 음식과 관련되어 있다는 것이 신기합니다. 우리는 이것을 보면서 한 가지를 알 수 있습니다. **그것은 〈음식〉과 〈영적 생활〉이 깊이 관련되어 있다는 것입니다. 그렇기에 그리스도인의 식사와 식사기도는 영적 생활에 있어서 중요한 역할을 하는 것입니다. 음식을 대하는 자세가 신앙이요, 신앙을 표현하는 자세가 식사기도이기 때문입니다.** 이 땅의 모든 그리스도인이 하는 식사기도는 가벼운 기독교 의식이 아닙니다. 그것은 이 땅의 세속적 가치관과는 철저하게 다른 삶과 가치관을 지향하는 우리의 신앙고백입니다. 이 식사를 통해, 하나님만을 섬기겠다는 의미입니다.

그대는 혼자 밥을 먹습니까? 여러 가지 시선과 사연들로 인해 힘들죠? 그러나 밥을 먹는 자신을 생각하지 말고, 이 밥을 그대에게 허락하신 하나님의 섭리를 생각해봅시다. 밥을 먹되 매일 먹어야 하고, 3번은 먹어야 하고, 커피와 간식과 음료와 야식, 후식까지 먹어야 하는 그대의 인생을 천천히 생각해봅시다. **하나님께서 그대가 이렇게 먹도록 만드신 이유는, 어쩌면 그대를 향한 하나님의 〈응원〉의 메시지이자 〈사랑〉의 메시지인지 모르겠습니다.**

그러므로 한 끼 식사를 먹을 때마다, 그대는 느껴야 합니다. 하나님이 그대와 아주 가깝게 계신다는 것을요. 그 하나님이 그대의 인생과 상당히 관련이 있다는 것을요. 또한 식사 때마다 응원하시는 그분의 음성과, 식사 때마다 위로하시는 그분의 사랑을 느껴야 합니다. 무엇보다 식사를 통해서 그 어떤 의미를 통해서든 나를 살게 하시는 그분의 은혜를 깊이 깨달아야 합니다. 그것을 기억할 때마다, 지금 나는 〈혼밥〉이든, 〈오뚜기밥〉이든, 〈모두의밥〉이든 상관이 없는 것입니다. 그러므로 식사를 할 때마다 우리 하나님을 충만하게 느끼길 바랍니다.

식사기도보다 중요한 것?

여기서 중요한 것을 한 가지 더 이야기해보려고 합니다. 구약에서는 식사로 말미암아, 하나님의 계명을 지킴과 어김의 형태가 극명하게 드러났다고 했습니다. 무엇보다 구약의 절기 때마다, 하나님이 명령하신 식사법의 형태를 따르는 것은, 이스라엘의 역사 속에 무엇보다 중요한 신앙의 형태라고 했습니다. 그렇다면 신약시대를 살고 있는 우리는 어떨까요? 예수님께서 십자가에서 죽으시고 부활하심으로 모든 율법의 기능을 상쇄하셨기에, 지금 우리는 모든 부분에서 자유할 수 있는 걸까요? 모든 음식을 마음껏 먹어도 되는 걸까요? 그리스도인으로서 굳이 음식의 기준을 나누는 기준이, 금주와 음주의 영역에만 해당되는 걸까요?

우리는 조금 더 깊은 차원을 생각해보아야 합니다. 그것은 식사와 식사기도의 관계입니다. 위의 글에서도 정리했듯이, **식사와 식사기도는 나와 하나님과의 관계가 지금도 계속되고 있다는 것입니다.** 또한, 그분이 나를 향한 용기와 응원과 위로와 사랑이, 한 끼의 식사가 아니라 매끼의 식사를 하는 행위에 담겨 있다고 이야기했습니다. 그렇기에 어떤 식사를 하든지 상관이 없는 것입니다. 누구와 먹는지 상관없는 것입니다. 그러나 식사기도가 끝이 아닙니다. 그것보다 더 중요한 것이 있습니다. 그것은 식사기도를 하고 먹은 〈식사 후〉 나의 〈삶〉의 〈자세〉입니다.

그대가 그리스도인이고 한 끼의 식사를 그분의 은혜로 먹었다면, 그 식사 후의 그대의 삶의 자세는 달라져야 합니다. 정말 그분을 위해 살아가야 합니다. 그 처음 시작은 언어에서 달라야 합니다. 저는 개인적으로 주님이 정말 싫어하시는 말이 있다고 생각합니다. 그것은 다음과 같은 단어들입니다.

"망했다"

"안 된다"

"끝났다"

"X됐다"

"내가 이렇지 뭐"

"내가 이 정도지 뭐"

"내 천성은 변하지 못해"

"내 상황은 나아질 수 없어"

"이건 하나님도 해결할 수 없어"

등등의 표현이나 단어입니다. 이런 말들은 다 어디서부터 온 걸까요? 상황마다, 사람마다 다르기에 쉽게 말할 수 없겠지만, 이런 말들은 하나님으로부터 온 말이 아닙니다. 이런 말은 성경에서 하나님이 정말 싫어하시는 말이며, 그분이 모르는 단어와 표현들입니다.

그리스도인인, 그대는 식사 후에는 하늘의 음성으로 일어날 수 있어야 합니다. 그것이 식사기도보다 중요한 식사 후 삶의 자세입니다. 이 글을 읽는 그대여. 오늘 밥은 먹었나요? 먹지 않았을 수도 있지만, 어떤 형태로든지 식사를 했을 것입니다. 그렇다면 용기를 가집시다. 다르게 생각합시다. 다시 일어납시다.

주기도문 속 식사기도

성경을 깊게 보면, 이 땅에서 〈기도〉하는 예수의 모습은 많이 나와 있습니다. 때로는 새벽에, 때로는 점심에, 때로는 밤을 새워가며 기도하십니다. 예수는 항상 기도하되, 한적한 곳에서 기도하기도 하며, 바다 위에서 기도하기도 합니다. 습관을 따라서 감람산에 가서 기도하기도 하며, 모든 바쁜 일정을 중지하고 산으로 올라가 기도하기도 합니다. 자신의 제자 가룟인 유다에게 배신을 당해, 십자가를 지는 그 순간까지도 예수의 모습은 기도하는 모습입니다. 따라서 당시의 사람들이 보기에도, 가까이 있었던 제자들이 보기에도, 예수님의 생애는 기도의 생애였습니다.

그런데 예수님은 어떤 기도를 하셨을까요? 그대는 예수의 기도가 궁금하지 않습니까? 성경을 보면 참 재미있는 것은, 기도하는 예수의 모습은 많이 적혀 있지만, 그분이 어떤 기도를 하셨는지는 딱 한 부분에만 적혀 있습니다. 또한 기도의 필요성에 관한 비유는 많이 있지만, 정확한 기도에 관한 가르침도 딱 한 부분에만 적혀 있습니다. 그 딱 한 부분이 어떤 것일까요? 바로 〈주기도문〉입니다.

그러므로 너희는 이렇게 기도하라
하늘에 계신 우리 아버지여
이름이 거룩히 여김을 받으시오며

나라가 임하시오며

뜻이 하늘에서 이루어진 것같이

땅에서도 이루어지이다

오늘 우리에게 일용할 양식을 주시옵고

우리가 우리에게 죄 지은 자를 사하여 준 것같이

우리 죄를 사하여 주시옵고

우리를 시험에 들게 하지 마시옵고

다만 악에서 구하시옵소서

마태복음 6장 9-13절

예수는 우리에게 주기도문을 주셨습니다. 아니, 주기도문만 주셨습니다. 이 주기도문에서 적어도 예수가 정말 꿈꾸고 실현하고 싶었던 비전이 어떤 것인지 알 수 있을 것입니다. 그것을 한 단어로 요약하면 〈하나님나라〉입니다. 조금 더 구체적으로 표현하면 "하나님나라가 이 땅에서 이루어지다"입니다. 하나님의 뜻이 하늘에서 이루어진 것같이, 이 땅에서도 동일하게 성취되길 소원하고 있는 예수의 모습이 보입니다. 그것은 위대한 노력이 필요하고 숭고한 희생이 뒤따를 것입니다.

그런데 참 재미있는 것은, 이 거룩한 기도의 중간에 있는 기도의 한 대목입니다. "오늘 우리에게 일용할 양식을 주시옵고." 예수는 하나님나라가, 이 땅에 구현되기 원하는 그

장엄한 기도의 한 장면에 찬물을 끼언 듯(?) 세속적인(?) 기도를 합니다. 바로 한 끼의 식사를 구하는 것입니다. 예수는 갑자기 왜 이렇게 기도를 하는 걸까요? 예수는 지금 배가 고팠던 걸까요? 너무 배가 고픈 나머지 실성(?)을 하는 걸까요?

결코 그렇지 않습니다. 예수가 구했던 일용할 양식은, 너무나 소중한 의미입니다. 하나님나라가 이 땅에서 구현되는 그 위대한 첫걸음도, 우리가 우리에게 죄를 용서해주는 그 아름다운 첫걸음도, 모두 한 끼의 식사 속에서 시작되는 것임을 알았던 것입니다.

아까도 이야기했지만, 그대가 자주 쓰는 표현이 있습니다. 그것은 〈먹고 사는 것〉입니다. **즉, 이 말은 〈먹는 것〉은 〈사는 것〉과 밀접한 연관이 되어 있음을 뜻한다고 했습니다. 신앙의 세계 역시 동일합니다. 〈먹는 것〉과 〈신앙으로 사는 것〉은 일맥상통하는 것입니다.**

저 위대한 하나님나라도 한 끼의 식사를 먹고, 마심으로 실행할 수 있는 것입니다. 하물며 그대가 이루어야 할 그 일상도 마찬가지입니다. 한 끼의 식사를 먹고, 마심으로 다시 시작할 수 있는 것입니다.

그리스도인에게 식사는 온 대지의 응원입니다. 그대를 응원하기 위해 온 대지의 염원을 담은 하나님의 메시지입니다. 그대의 〈식사기도〉는, 이 식사를 주신 분이 어떤 분이신지, 나에게 왜 이런 식사를 허락하셨는지를 기억하는 최소한

의 〈기억법〉입니다. 그것을 가슴 깊이 인식할수록, 그대는 강해집니다. 그러니 그대는 혼자일수록, 외로울수록, 앞이 보이지 않을수록 더욱 잘 먹어야 합니다. 그대와 내가 가진 우주적 공통점인 〈그리스도인〉은 이 식사기도로 어떤 것이든 시작하는 사람임을 잊으면 안 됩니다. 절망 가운데 있을 때, 그대를 단 한 번도 굶기지 않으신 하나님의 은혜를 기억하십시오. 그분은 그대에게 식사를 베푸시며, 언제나 다시 시작하길 응원하고 있습니다. 그것을 기억하며 한술 뜰 때, 매우 벅차오르는 감격을 느끼길 바랍니다.

오늘도 먹읍시다. 어떤 형태의 식사이든, 맛있게 감사함으로 먹읍시다. 그리고 그대에게 주어진 모든 일상을, 망설임 없이 반갑게 맞이합시다. 아직 절망하기엔 그대가 지금까지 먹은 밥이 많고, 지금 좌절하기엔 앞으로 그대가 먹을 밥이 너무나 많습니다.

그대여, 주저하지 말고 식사하러 갑시다!

alone

4장

시간

희망감정과 양가감정

요즘은 무엇을 하고 있나요? 무엇을 하고 있는지 모르겠지만, 무엇인가에 집중하는 모습은 아름답기 마련입니다. 물론 집중한다고 해서 원하는 결과가 나오는 것은 아니지만요. 그러나 결과는 중요한 법입니다. 그 결과에 따라서 평범한 그대는 울기도 하고 웃기도 하니까요.

그러면 그대는 결과에 따라서 왜 웃기도 하고 울기도 하는 걸까요? 당연히 이렇게 생각할지 모르겠습니다. "그거야 원하는 결과를 얻지 못해서 그런 것 아닌가?" 그런데 정말 그럴까요? 웃고 우는 이유를 차곡차곡 살펴보면, 꼭 그렇지도 않습니다. 원하는 결과가 나와도 울 수 있고, 원하지 않는 결과가 나와도 웃을 수 있습니다. 그것을 저는 〈희망감정〉과 〈양가감정〉이라고 말하고 싶습니다. 그대는 무엇에 집중하든지 희망감정과 양가감정의 외줄 타기 곡예를 합니다. 그 모습이 때로는 위태롭게 보이기도 하고, 때로는 대단해 보이기도 합니다. 내면의 감정에 희망과 절망을 담아서, 그 아슬아슬한 줄에 자신의 무게감을 온전히 올려놓기 때문입니다. 이젠 그만 울기를 기도합니다.

그렇다면 〈희망감정〉이란 무엇일까요? 쉽게 이야기해

서 희망감정이란, 이런 것입니다. "내가 저 자동차를 사면 진짜 행복하겠다~", "내가 저런 여자 친구가 있으면 진짜 행복하겠다~", "내가 저런 남자와 결혼을 하면 정말 행복하겠다~", "내가 저 집에서 살면 정말 정말 좋겠다~" 등등입니다. 그래서 보통의 사람들은, 이런 희망감정에 자신의 생애를 겁니다. 수많은 노동을 하되 좋은 자동차를 사기 위해서, 좋은 이성을 만나기 위해서, 더 나아가 안정적인 집을 갖기 위해 그 모든 것을 감당합니다.

그런데, 묻고 싶습니다. 그 희망감정은 정말이었습니까? 그 감정을 희망하며 기대했던, 그 감격은 사실이었습니까? 그 자동차를 사고, 그 이성을 만나고, 그 집을 사니 행복한가요? 사람마다 다르겠지만 저의 경우에는 무엇을 소유하든, 그 감격은 물리적인 시간이 지나고 나면 사라지곤 했습니다. 아무리 찾고 찾아도, 일정한 시간이 지나면 그 강렬했던 감격이 없습니다. 당신은 어떤가요?

보통의 사람들은, 희망감정을 현실로 이루었을 때, 동시에 재미있는 감정이 생깁니다. 그것은 바로 〈양가감정〉입니다. 양가감정을 쉽게 이야기하면, "그때 이 돈으로 자동차를 사지 말고 저축할걸~", "그때 이 열정으로 이 사람 말고 다른 사람을 만날걸~", "그때 이 집을 무리하게 사지 말고 조금 더 참을걸~"입니다. 양가감정이란, 일종의 후회의 다른 이름입니다. 혹은 후회의 기술입니다. 그대도 경험해보지 않았나요? 막상 사고 싶은 것을 사고, 막상 하고 싶은 것을 하니, 더 많은 후회가 밀려오는 이상한 현상. 이것도 사람마다 다르겠지만, 적어도 저의 경우에는 자주 그러했습니다.

이런 희망감정과 양가감정이 대표적으로 매번 작동되는 것이 바로 '결혼'입니다. 공감하지 못하겠다고요? 제가 너무 이상한 것 같다고요? 물론, 여러분은 결혼을 해보지 않으셔서 공감하지 못할 것입니다. 또한 30대 중반 혹은 40대 초반이 아니기에 공감하지 못할 것입니다. 그러나 여러분 주위에, 30대 중반 혹은 40대 초반인 사람에게 물어보세요. '결혼'에 있어서, 희망감정과 양가감정이 한 번도 교차한 적이 없는지요.

단언하건대, 결혼뿐만 아니라, 대학교의 선택, 학과의 선택, 친구의 선택, 직장의 선택, 기회의 선택, 자동차의 선택, 이사 지역의 선택, 집의 선택, 심지어 교회를 선택하는 문제까지 매번 이런 희망감정과 양가감정의 연속성에 있습니다. 그래서 당신은 오늘 또 무엇을 희망하고, 무엇을 후회하고 있습니까?

혼자라는 시간

계속해서 결혼한 사람들에 대해서 이야기를 해보고 싶습니다. 결혼한 사람들은 자신의 결혼에 대해서 희망감정과 양가감정을 넘실넘실 넘나듭니다. 처음에는 이 사람이 아니면, 안 될 것처럼 생각합니다. 그래서 이 사람을 위해서 자신의 전부를 버립니다. 사회 관계와 친구 관계는 물론이거니와, 자신의 자존심까지 하나도 아까워하지 않고 버리면서 이 사람을 만납니다. 목표는 단 하나. 바로 '이 사람과의 결혼'입니다. 이 단순한 희망감정에, 자신의 무게감을 온전히 의탁합니다. 희망은 열매를 맺어 결혼을 합니다.

그러나 그런 결혼을, 결혼생활을 꽤 오래해보니, 이제는 다릅니다. "왜 이 사람과 결혼했을까? 수많은 사람이 있었는데, 왜 하필 이 사람이었을까? 이젠 이 사람만 아니었으면 좋겠다"라는 양가감정입니다. 이 사람을 얻기 위해서 버렸던 것들을 후회하며, 이제는 다시 그 관계들을 세워 나갑니다. 사회 관계와 친구 관계와 자신의 자존심들입니다. 이 관계에, 자신이 결혼한 사람이 들어오길 거부합니다. 대화할 때는 자신만의 일방통행 같은 이야기만 합니다. 결국, 결혼을 인생 최대의 실수라고까지 생각합니다. 아니, 이 사람과의 결혼을 인생 최대의 후회라고 생각합니다.

결국, 결혼을 하지 않은 미혼의 친구가 있다면 이런 이야기도 합니다. "혼자가 좋은 거야~", "결혼이 얼마나 피곤

한데~", "다시 그 기회가 주어지면 나는 절대 결혼하지 않는다~"라고 이야기합니다. 그리고 이 이야기를 듣는 우리의 30대 중반, 40대 초반은 혼란을 경험합니다.

그렇게 결혼을 후회하는(?) 사람들은 결국 한 가지를 그리워하는 것입니다. 그것은 바로 '시간'과 '기회'입니다. 그리고 미혼인 나에게, 혼자인 나에게, 우회하여 정확한 한 가지를 이야기하는 것입니다. **"너에게는 시간이 있다"**는 것입니다. 무엇이든지 선택할 수 있는 시간, 무엇이든지 바로 잡을 수 있는 시간, 무엇이든지 다시 시작할 수 있는 시간입니다.

그런데 진지하게 자문합시다. 좀 더 진지하고 좀 더 고민합시다. 정말 그대는 시간이 있을까요? 사실, 그대의 30대 중반은, 혹은 40대 초반은 늘 시간에 쫓기고 있는 것 아닌가요? "언제 결혼하지?", "언제 아이를 출산하지?", "언제 이것저것을 하지?" 설, 추석, 기념일, 크리스마스, 다시 신년 1월 1일이 오면, 빗소리보다 더 많은 잔소리로 우리의 어른들이 이야기하지 않습니까? "너 지금 나이가 몇인데??!!", "언제 이것저것 하려고 하느냐??!!"

30대 중반인 그대에게, 40대 초반인 그대에게, 〈시간〉은 있는 걸까요? 없는 걸까요? 누군가는 그대에게 시간이 있어서 유리하다고 하지만, 누군가는 그대에게 시간이 없어서 불리하다고 하는데, 어떤 말이 진짜일까요?

나의 〈결혼〉에 있어서도, 내 나이의 〈시간과 기회〉에 대한 이런저런 갑론을박이 있는데, 늦은 나이의 진로의 문제, 재취업의 문제, 사업의 문제, 관계의 문제 그리고 이런저런 문제들에 대해서는 어떤가요? 결국 그대는 시간과 기회가 있는 걸까요? 시간과 기회가 없는 걸까요?

설교는 뭐라고 하나?

이 책을 진행하는 내내 이야기했지만, 우리에게는 하나의 공통점이 있습니다. 그것은 우리가 그리스도인이라는 사실입니다. 어떤 독자가 이 글을 읽는지 모르겠지만, 적어도 이 책을 펴볼 사람이라면, 그대는 그리스도인일 것입니다. 즉, 우리는 공통적으로 짧게는 1년, 길게는 10년 이상의 신앙생활을 한 사람들이죠. 물론 '신앙생활'과 '교회생활'이라는 말이 같은 말은 아니지만, 신앙생활을 하는 우리는 매주 주일에 교회로 모여 생활합니다. 그곳에서 짧게는 1년, 길게는 10년 이상, 매주 같은 시간에 설교를 듣습니다. 사실, 이런 반복적인 행위는 엄청난 것입니다.

그런데, 그리고, 그래서
그렇기에 묻습니다.

〈설교〉는 그대에게 뭐라고 하나요? 하나님 말씀을 대변하는 설교는, 그대의 나이가 갖는 희망감정과 양가감정에 대해 뭐라고 하나요? 뿐만 아니라 그대의 30대 중반에, 그대의 40대 초반에 관해서는 뭐라고 하나요?

교회에는 황금률같이 생각하는 이론이 있습니다. 그것은 신앙은 '어릴 때부터' 확실하게 잡아야 한다(?)는 것입니다. 그 이유는 어른들은 고집이 세고(?) 말을 잘 듣지 않는다는 확신 때문입니다. 그리고 이런 이상한 과학적 데이터를 가지고 목회의 황금률을 만들어냅니다. 그런데 정말 어른들은 말을 듣지 않는 걸까요?

사실 그렇지 않습니다. 오히려, 설교가 복잡하고 다양하고 어려운 30대 중반과 40대 초반의 문제들을 공감하지 못하고 주도권을 가지고 점령하지 못하는 것은 아닐까요? 그대는 수많은 시간을 교회에 있었고, 그 시간의 중요 부분을 설교를 듣는 데 사용했지만, 30대 중반의 연애와 결혼, 늦은 취업과 재시작에 대해서 답하는 것을 들어보지 못했습니다. 40대의 1인 감정사용법과 외로움의 문제, 그리고 신앙과 현실 사이에 생기는 괴리와 공허함의 문제에 대해서 이야기하는 것을 들어보지 못했습니다. 무엇보다 결혼하지 못한 사람과, 결혼을 포기한 사람들은 어떻게 살아야 하는지 들어보지 못했습니다.

설교는 30대 중반 40대 초반의 이야기를 하지 않습니다. 왜 그럴까요? 그 이유는 그대의 삶의 문제가 어렵기 때문입니다. 오히려 설교는, 단순하고 쉬운 사람들을 향해서만 열려 있을 뿐입니다. 그래서 청중인 그대도, 나이를 먹으면 먹을수록 하나님 말씀이 와닿지 않습니다. 언제부터인가 설교를 통해서, 하나님 말씀을 들으면 들을수록 더욱 혼란스러워져 갑니다.

결국 그대가 하고 싶은 연애와 결혼 그리고 취업과 다른 많은 것들에 있어서 그대는 시간이 있는 걸까요? 없는 걸까요? 지금 그대가 보내고 있는 이 시간은 불리한 조건일까요? 유리한 조건일까요?

성경은 뭐라고 하나?

인간의 삶의 문제는 시간과 참으로 밀접한 관련이 있습니다. 그런데 성경을 언뜻 보면, 이런 인간의 시간의 문제와는 전혀 상관이 없는 이야기만 있는 것 같습니다. 성경에 있는 이야기는 하나같이 무용담, 영웅담 혹은 이솝우화 같은 이야기들만 적혀 있는 것 같기 때문이죠. 그러나 성경의 깊은 의미들을 보면, 하나님은 인간의 시간에 관해서 많은 이야기를 해주었다는 것을 알 수 있습니다.

사실, 성경은 언제나 두 시간의 충돌로 기, 승, 전, 결의 드

라마가 펼쳐집니다. 하나는 〈인간의 시간〉이요, 다른 하나는 〈하나님의 시간〉입니다. 이 두 시간의 충돌로 인해, 될 것도 안 되고, 안될 것도 될 것 같은 이야기들이 적혀 있습니다. 성경에서 자주 이야기하는 시간에 관한 표현 하나만 살펴봅시다. 그것은 〈광야 40년〉이라는 표현입니다.

교회를 다닌 사람이라면, 누구나 이 말을 알고 있습니다. 이스라엘 백성들이 광야 40년을 보냈다는 것입니다. 이 광야 40년이 시작된 배경은, 그들이 애굽을 탈출한 사건으로 시작이 됩니다. 그리고 약속의 땅 가나안으로 가는 여정에, 시작된 고난이지요. 그들은 광야로 들어가서 40년을 보내게 됩니다. 그런데 사실 이 광야는 40년을 보낼 정도로 긴 거리가 아닙니다. 애굽에서 가나안까지는 직진 거리로 320킬로미터입니다. 건강한 성인을 기준으로 할 때 10일 혹은 13일이면 충분히 당도할 수 있는 거리입니다. 그러면 하나님은 그 짧게 갈 수 있는 거리에서 왜 40년이나 허비하게 하신 걸까요? 보통의 사람들이 10일 만에 애굽에서 가나안에 갈 수 있다면, 이스라엘은 더 빨리 갈 수 있는 기적(?)이 있어야 하나님의 은혜 아닐까요? 광야에서 그 귀한 시간을 몽땅 허비하게 하신 이유가 무엇일까요? 출애굽기를 보면, 그 이유가 이스라엘의 믿음 없는 태도와 그에 따른 하나님의 분노 때문이라고 합니다. 물론 표면적으로 그 이유는 맞습니다. 그래서 태도와 믿음이 중요한 것입니다.

그런데 그대여, 한 번 깊게 생각해봅시다. 이스라엘은 하나님께 받은 벌로 40년간 광야생활을 하는데, 그들이 이 광야생활을 끝내고 바로 정확한 의미에서 〈국가〉를 세운다는 것이 너무 신기하지 않습니까? 성경의 시대적 상황과 3천 년 이상 떨어진 우리는 편하게 이런 이야기를 하지요. "그 광야의 시간 동안, 하나님이 이스라엘을 훈련시킨 것이다", "그때 훈련을 받았기 때문에 바로 가나안을 정복해서 이스라엘이라는 나라를 세울 수 있었다." 그러나 정말 그럴까요? 그들은 광야에서 하나의 나라를 세울 수 있는 훈련을 받은 걸까요? 성경을 구체적으로 보면, 그들이 받은 훈련은 하나의 나라를 세우기 위한 훈련이 결코 아닙니다. 조직도 엉성하고 군대는 더 엉성합니다. 나라를 세울 수 있는 법과 정치와 행정적인 훈련들은 전혀 없습니다. 그런데 참으로 신기하게도 광야 40년 후에는 그들이 정확한 의미에서 '국가'를 세운다는 것입니다.

그렇다면 그들은 광야에서 어떤 시간을 보낸 걸까요? 어떤 훈련을 받은 것일까요? 그들이 보낸 시간과 그들이 받은 훈련은 딱 두 가지입니다. 첫 번째 "가라"입니다. 두 번째 "멈춰라"입니다. 이것이 광야에서 보낸 시간의 전부이고, 광야에서 받은 훈련의 전부입니다. 너무 싱겁나요? 아니요. 이것은 엄청난 훈련이었습니다. 이스라엘의 음성이 아닌, 하나님의 음성으로 가고 멈추는 것으로 인해서, 40년 후에는 가나안의 7부족을 멸망시키고, 여리고를 무너뜨리고, 스스로 당당한 나라를 세우는 것입니다. 그리고 저 빛나는 다윗과 예수의 길까지 예비할 수 있었던 것입니다. 그렇다면, 그들이 받은 훈련인 가고 멈추는 것이란 어떤 의미의 훈련일까요?

〈광야〉란, 히브리어로 '미드바르מדבר'입니다. 그런데 어원이 참 재미있습니다. 이 말은, 히브리어의 '말하다'의 동사인 '다바르דבר'에서 온 말입니다. 그런데 이 말이 뭔가 어색하지 않나요? 광야란, 아무 소리가 들리지 않고, 아무 음성도 들리지 않는 곳인데, 어떻게 '말하다'라는 동사에서 '광야'라는 명사가 나온 것일까요? 언뜻 보기에 이 두 단어는 상관없어 보이지만, 성경의 내러티브narrative를 볼 때 이 두 단어의 관계는 참으로 깊은 의미가 있습니다. 먼저 이스라엘이 광야에서 행한 태도를 보면 알 수 있습니다.

백성이 모세에게 **원망하여** 이르되
우리가 무엇을 마실까 하매

출애굽기 15장 24절

이스라엘 자손 온 회중이 그 광야에서
모세와 아론을 **원망하여**

출애굽기 16장 2절

모세가 또 아론에게 이르되
이스라엘 자손의 온 회중에게 말하기를
여호와께 가까이 나아오라
여호와께서 너희의 **원망함**을 들으셨느니라 하라

출애굽기 16장 9절

내가 이스라엘 자손의 **원망함**을 들었노라
그들에게 말하여 이르기를 너희가
해 질 때에는 고기를 먹고 아침에는 떡으로 배부르리니
내가 여호와 너희의 하나님인 줄 알리라 하라 하시니라

출애굽기 16장 12절

거기서 백성이 목이 말라 물을 찾으매
그들이 모세에게 대하여 **원망하여** 이르되
당신이 어찌하여 우리를 애굽에서 인도해 내어서
우리와 우리 자녀와 우리 가축이 목말라 죽게 하느냐

출애굽기 17장 3절

이스라엘은 광야에서 말합니다. 그것은 바로 〈원망〉입니다. 그 원망의 대상은 모세와 하나님입니다. 그렇다면 그들은 왜 원망하는 걸까요? 그들이 원망하는 이유는, 그들의 뜻대로 먹는 것과 마시는 것과 입는 것과 자는 것이 되지 않기 때문입니다. 즉, 삶을 살아가는 문제가 자신의 뜻대로 되지 않기에 원망하는 것입니다. 그들은 '미드바르'에서 자신의 소리를 '다바르' 합니다. 즉, 광야에서 자신의 소리를 말합니다. 보통의 경우에는, 백성들이 집단으로 이런 이야기를 하면, 정치적인 장치들이 일어나야 합니다. 그러나 하나님은 끝까지 참고 기다리십니다. 그 시간이 40년입니다. 그렇다면 하나님은 어떤 시간을 40년이나 기다리신 걸까요?

그것은 그들이 '미드바르'에서, 하나님의 '다바르'를 기다리신 것입니다. 즉, 광야에서 하나님이 하시는 말씀 듣기를 기다리신 것입니다. 그리고 40년 만에, 이스라엘은 자신의 소리가 아닌, 하나님의 음성을 듣는 법을 배웁니다. 아주 오랜 시간 그들은 수많은 고통을 겪으면서, 자신의 교만을 부수면서, 광야에서 살아남을 수 있는 유일한 감각을 터득합니다. 바로 하나님의 음성을 듣는 것입니다. 그리고 그들은 하나의 감각이 생기게 됩니다. 그것은 〈말씀 다바르〉를 좇아가면, 〈광야 미드바르〉에서도 길을 잃지 않게 된다는 것입니다.

이스라엘의 광야 40년이라는 시간은 그런 좌충우돌의 시간이었습니다. 인간의 시간과 하나님의 시간이 충돌하는 시간이었습니다. 그리고 결국 그들은 하나님의 음성에 따라 "가라"와 "멈춰라"가 된 것입니다. 하나님 보시기에는 이 정도면 충분했던 것입니다. 가나안의 7부족을 정복하고, 이스라엘이라는 하나의 국가를 세우기에 충분했던 것입니다. 하나님은 이스라엘에게 〈시간〉의 영역에 있어서, 인간의 감각이 아닌, 하나님의 뜻을 묻는 연습을 시킨 것입니다. 즉, 이스라엘은 〈시간〉에 있어서는, 고대 근동에서 전혀 새로운 기준으로 살아간 것입니다.

무엇을 듣고 있나?

30대 중반 혹은 40대 초반인 그대는 어떤 시간을 가지고 있나요? 그대가 가지고 있는 이 시간은 불리한 시간인가요? 유리한 시간인가요? 희망감정과 양가감점으로 직장을 옮기기에 유리한가요? 불리한가요? 결혼을 하기에 유리한가요? 불리한가요? 다시 무엇인가를 시작하기에 유리한가요? 불리한가요?

확실한 한 가지는 그대가 그 어떤 것을 선택해도, 모든 영역 속에 다시 〈희망감정〉과 〈양가감정〉의 늪에서 일어나기 어려울 것입니다. 나의 판단도 이러한데, 주변의 수많은 참견과 잔소리를 들으면 더욱 헷갈리기만 합니다.

성경은 인간의 시간에 대해서 분명하게 이야기를 합니다. 자신의 인생이 기준이 되어서, 유리한 것과 불리한 것을 선택하기보다는, 하나님의 음성을 들으라고 이야기합니다.

광야에서 살아남는 비결은, 남들보다 빠르게, 강하게, 탁월하게 훈련해서 뚫고 가는 것이 아님을 이야기합니다. 광야에서 살아남는 비결은, 주님의 음성에 때로는 〈가고〉, 때로는 〈멈춰야 함〉을 말해줍니다. 인간의 시간이 하나님의 시간에 접촉이 될 때, 그것만큼 강력한 것이 없습니다. 물론, 그것을 믿는 것과 믿지 않는 것은 그대의 선택에 있습니다.

기독교에서 자주 사용하는 단어가 있습니다. '은혜', '인도하심', '축복' 등등입니다. 모두가 좋아하는 단어이지요. 그러나 이 모든 것들은 〈시간〉과 관련된 단어입니다. 그런데, 어떤 것이 은혜이겠습니까? 어떤 것이 인도하심이겠습니까? 어떤 것이 축복이겠습니까? 이 모든 것들은 인간에서부터 나온 것이 아닙니다. **인간의 시간에, 하나님의 시간이 결합될 때 일어나는 것입니다. 그 결합 속에서 일어나는 충돌, 소멸, 증폭, 확장, 팽창이 축복입니다.**

많은 것들이 조급하겠지만, 급할수록 돌아가야 합니다. 하나님께 돌아가야 합니다. 하나님의 말씀으로 돌아가야 합니다. 애매하고 불리하고 이상한 나의 나이와 나의 시간에 그분의 음성이 들린다면, 그때부터 우리가 생각하는 광야는 가나안이 될 것입니다. 헤매는 것 같으나, 섭리 가운데 있을 것입니다. 뜻 밖에 있는 것 같지만, 뜻 안에 있게 되는 것입니다.

그래서 당신은 몇 살인가요?

한국 사회는 이상한 집중력을 가지고 있습니다. 아주 이상한 호기심을 가지고 있습니다. 그것은 무엇을 하든, 어떤 자리에 있든, 무엇을 먹든, 마시든, 무엇을 입든 항상 〈나이〉를 묻는다는 것입니다. 심지어 어깨가 부딪쳐 싸울 때에도, 자동차 접촉사고가 날 때에도, 처음 보는 만남에도 묻습니다. "당신은 몇 살인가요?" 사실, 이 물음만큼 음흉하고 폭력적인 것이 없는데도, 우리는 이 물음으로부터 모든 대화를 시작합니다.

그래서 그대의 나이는 몇 살인가요? 이 책을 읽는 그대의 나이는 다양하겠지요. 나이를 묻는 말끝에는, 언제나 분명한 하나의 음흉한 질문이 내포되어 있습니다. "대학은? 결혼은? 직장은? 자동차는? 출산은?" 등등입니다. 그리고 개인의 나이에 맞게, 무엇인가를 하고 있지 못하면, 이내 언어로 표현하기 힘든 시선으로 쳐다봅니다. 나이에 맞는 것이 뭔지는 모르겠지만, 이 사회는 나이에 맞는 수많은 과제를 그대에게 줍니다. 이 사회는 언제나 그대의 나이를 물음과 동시에 하나의 당위적 굶주림을 요구합니다. 그리고 그 요구에 따라 우리는 개인의 고유한 노동과 만남과 취미를 결정하려 합니다. 결국 그것으로 인해 상당히 피로하고 지친 젊음을 보냅니다.

그런데, 하나님은 인간을 부르실 때, 먼저 나이를 묻지 않습니다. 또 "네 나이에 지금까지 무엇을 했냐"라고 음흉하게 묻지도, 폭력적이게 따지지도 않습니다. 그분은 인간을 부르실 때 한 가지만 요구하십니다. 그것은 〈믿음〉입니다. 구약의 아브라함을 부를 때도, 모세를 부를 때도, 여호수아와 갈렙을 부를 때도, 다윗을 부를 때도 생각해보십시오. 신약의 열두 제자와 바울을 부를 때도 생각해보십시오. 그분은 나이와 출신을 묻지 않습니다. 그분은 전공과 경험을 묻지 않습니다. **그분은 단 한 가지를 정확하게 요구하십니다. 〈지금〉 〈믿고〉 〈따름〉입니다.** 이 단출한 문장에는 수많은 의문이 포함되어 있고, 수많은 에너지도 포함되어 있습니다. 또한, 수많은 의심이 포함되어 있고, 수많은 가능성이 포함되어 있습니다. 구석구석 성경을 보면, 하나님은 이 단순한 한 문장으로 인해, 수많은 하나님의 사람들을 울게도 하고, 웃게도 하고, 절규하게 하기도 하고, 일어나게 하기도 합니다. **즉, 〈지금〉 〈믿고〉 〈따름〉이라는 이 문장은 인간의 문장이 아니라 신의 문장인 것입니다.**

그대는 나에게 따져 물을 수도 있습니다. "이게 뭐 그렇게 중요한가?", "이것이 내 굶주림을 채울 수 있는가?", "내 나이에 모자란 당위성들을 채울 수 있는가?" 과학적이지도, 인문학적이지도 않은 이 문장에, 흥분하는 그대의 마음이 보입니다. 그러나 성경의 수많은 사람도 비슷했습니다. 믿지 못했고 결국 따르지도 못했습니다. 그래서, 모두들

〈그.정.도.로.만.〉 살았습니다.

그러나, 믿고 따라갔던 수많은 하나님의 사람들도 있습니다. 어떤 이는 75세에도 본토 친척 아비의 집을 떠났고, 90세에도 임신을 꿈꾸었습니다. 어떤 이는 80세에 부르심을 받아서 이스라엘을 이끌게 되었습니다. 어떤 이는 85세에도 "이 산지를 내게 주옵소서"라고 외치며 돈키호테처럼, 로시난테처럼 홀로 가기도 했습니다. 믿고 따름으로 인해서, 갈릴리 출신의 12명의 아저씨들은, 세상을 뒤집어놓았고, 로마 시민권을 가지고 있었던 한 청년은 혈혈단신으로 전 세계를 복음화시키기도 했습니다. 믿고 따르기에 오늘도 어떤 자녀들은 예언을 하고, 어떤 청년들은 환상을 보고, 어떤 아비들은 꿈을 꾸기도 합니다.

그대의 나이가 어떤 나이인지 모르겠지만, 확실한 한 가지는 지금 주님을 따라가기에는 충분한 시간입니다. 그대의 전공이 어떤 것인지 모르겠지만, 주님을 위해 일하기에 충분한 능력입니다. **또 그대가 살고 싶은 삶이 어떤 것인지 모르겠지만, 그분의 음성을 따라갈 때, 그 어떤 것도 늦은 것이 아닙니다. 절대로 그 어떤 것도 포기해서는 안 됩니다. 하나님의 부르심 앞에서 나이는, 문자 그대로 숫자에 불과하기 때문입니다. 시간은 숫자 그대로, 12개뿐입니다.**

조금 더 우리의 공통점에 대해서, 다시 이야기하고 싶습니다. 우리의 공통점이 교회 출석이길 바라지 않습니다. 우리의 공통점은 신앙 안에 있는 〈지금〉〈믿고〉〈따름〉이 되기를 원합니다. 그 공통점은 유장한 강물 같은 수많은 이야기를 가지고 있는 하나님의 사람들과 연결되어 있는 동일한 공통점입니다. 그리고 그 공통점으로 인해, 나이와 상관없는, 나이를 뛰어넘는 삶을 살게 될 것입니다. 그렇다면 그런 삶은 무엇일까요?

어떻게 살 것인가?

믿고 따랐던 사람들의 수많은 공통점은, 〈이상성〉에 있습니다. 그러나 그 이상성은 내가 하고 싶은 대로 사는 삶에 대한 이상성이 아닙니다. 그 이상성은, 하나님을 따라갈 때 생기는 이상성입니다. 나로부터 나온 삶이 아니라, 그분으로부터 나온 삶입니다. 그것은 모든 나이와 출신을 상관하지 않고 부르시는 그분의 음성입니다. **그대에게 있는 무한한 젊음과 제한적 나이 사이에서 그대가 진정으로 추구해야 하는 이상성은, 하나님의 말씀 한 구절에, 혹은 한 단어에, 나의 무게감을 온전히 실어보는 믿음입니다.** 그대는 그대의 모든 무게감을 하나님의 말씀, 한 단어에 실어본 적이 있나요? '하나님의 말씀이 나의 무게를 견디지 못하고 부러지는(?) 것은 아닐까?' 의심하고 있는 것은 아닙니까?

그러나 아름다운 삶을 위해서는 그런 용단이 필요합니다. 그것은 때로 무엇인가에 도전하게 합니다. 그것은 때로 무엇인가를 절단하게 합니다. 그것은 때로 무엇인가를 정지하게 합니다. 그리고 진정 추구해야 하는 이상적인 나의 모습이 어떤 것인지 보게 합니다. 구석구석 성경을 보면, 아주 이상할 만큼 하나님의 사람들은 이 세상과는 다른 관심사로 살아갑니다. 무엇인가에 홀린 듯이, 무엇인가에 취한 듯이 살아갑니다. 세상은 그들을 바보라고 비난하기도 합니다. 그러나 놀라운 것은, 그런 진리의 이상성을 가진 사람들은 아름답고 진실하고 단단하다는 것입니다. 진리의 이상성을 가진 사람들은 자주 흔들리지만, 아주 넘어지지 않습니다. 무엇보다 그들은, 아주 작은 것들만 가졌는데 그 어떤 것에도 부족함을 느끼지 않습니다.

〈삶〉이라는 명제에 포함된 그대의 나이와 시간에서 그대는 확실히 진리의 이상성을 추구해야 합니다. 그러나 저는 지금 그대에게 선교사가 되라는 소리가 아닙니다. 목회자가 되라는 소리가 아닙니다. 그 진리의 이상성은 어떤 직업적인 형태가 아닙니다. 오히려 그것은 이 땅의 당위성들과 시선들을 용기 있게 이겨내는 전사의 발자국입니다.

그대에게 있는 무한한 젊음과 제한적 나이 사이에서, 그것을 무엇인가를 갖추기 위한 시간들로 사용하지 않기를 바랍니다. 우리의 단계별 나이에 따른, 취업, 직장, 집, 자동차,

연애, 결혼, 출산 등등에 우리의 고유한 젊음과 나이를 사용하게 된다면, 반드시 또다시 양가감정과 희망감정에 싸이게 되기 때문입니다. 그것은 많은 것을 갖추어도 항상 부족함을 느끼기 마련입니다.

그리스도인을 아름답게 하는 것은, 부족함을 느끼지 않게 하는 것은, 오직 하나님과 나와의 관계에 있습니다. 그렇다면 지금 나에게 있는 이 시간을 가장 잘 활용하는 방법은, 그분의 의도 안에서 사용하는 것입니다. 그럴 때, 그대의 불만인 나이와 열등감과 자격지심들은 모두 아름답게 승화됩니다.

가장 가능성 없는 사람

저는 진리의 이상성으로 살았던 대표적인 사람으로 아브라함을 소개하고 싶습니다. 우리가 잘 알고 있는 아브라함의 내러티브는 아주 단순한 이야기입니다. 고대 근동에서 아브라함은 그의 아버지 데라와 하란까지 함께 떠났다가, 하란에서 아버지가 죽습니다. 그리고 아브라함은 고민합니다(창 11:31,32). 그의 고민은 "다시 갈대아 우르로 돌아갈 것인가?", "아니면 하란에 남아 있을 것인가?"입니다. 방향을 결정하는 것은 아주 단순하게 판단할 수도 있지만, 그의 고민은 깊을 수밖에 없습니다. 그 이유는 아버지 데라와 함께 이동했던 수많은 여정 중, 그 어떤 정착지에서도 삶의 안정을 누려 본 적이 없기 때문입니다.

그때 하나님이 아브라함을 부르십니다. 그런 아브라함이 부름을 받을 때 나이는 75세입니다(창 12:4). 그대는 75세를 어떻게 생각할지 모르겠습니다. 그러나, 이 나이는 무엇인가를 왕성하게 시작하기에, 혹은 무엇인가를 새롭게 시작하기에는, 상당히 늦은 나이입니다. 등장보다는 퇴장을 준비하고, 시작보다는 마무리를 준비해야 하는 나이입니다. 어떤 이는 이런 생각을 할지 모르겠습니다. "고대 근동에서 75세의 나이는, 현대의 75세와 비교가 불가능한 것 아닌가?" 물론, 정확한 물리적인 의미에서 비교는 불가능하겠죠. 그러나 대부분의 성서신학자들이 아브라함의 75세 나이에 관해서 공통적으로 말하는 것이 있습니다. 그것은 현대적인 의미에서 동일하지만, 고대 근동에서도 75세는 상당히 늙은 나이라는 것입니다. 무엇보다, 아브라함의 인생을 이해할 때 가장 중요한 테마인 '아들' 혹은 '자녀'를 얻기에는 상당히 불리한 나이입니다.

그런데, 하나님은 그런 아브라함을 부르십니다. 그리고 우리가 잘 알고 있는 세 가지를 약속합니다. 첫 번째는 "내가 너로 큰 민족"을 이루게 하고, 두 번째는 "네 이름을 창대하게" 하고, 세 번째는 "너는 복이 될 것이다"입니다(창 12:2). **그리고 이 모든 것들이 가능하게 하기 위해 가장 중요한 한 가지**

조건을 이야기합니다. 그것은 아브라함의 고향, 친척, 아버지의 집을 떠나는 것입니다(창 12:1).

이제 한번 가장 상식적인 선에서 생각해봅시다. 무엇인가를 이루기 위해서, 고향과 친척과 아버지의 집을 떠나서 하는 것이 과연 유리하겠습니까? 75세의 노인에게 아들을 준다는 것도 뻥(?) 같은 약속인데, 민족을 준다는 것이 가능한 약속이겠습니까? 또한, 무엇보다 인생을 정리해야 할 그 나이에, 아브라함의 이름을 창대하게 한다는 것이 매력적인 약속이었을까요? 적어도 이런 약속을 하려면, 하나님이 고대 근동의 젊고 유능하고 건강한 청년을 부르시는 것이 가장 상식적일 것입니다. 그러나 하나님은 정확한 부르심으로 75세 노인 아브라함을 부르십니다.

아브라함이 등장하는 창세기 12장은, 어쩌면 천지를 창조하는 창세기 1장만큼 중요한 장입니다. 창세기 1-11장은 원역사로서, 보편적인 이 땅의 시작과 사건, 사람과의 관계 그리고 인간과 하나님과의 관계를 보여주었다면, 창세기 12장은 특수적인 이스라엘의 시작과 사건, 하나님과 인간이 일대일 관계를 어떻게 맺는지를 구체적으로 보여주기 때문입니다. 무엇보다 이스라엘이 어떤 나라이며, 어떤 시작으로 시작하는지, 그 민족성의 기원을 보여주기 때문입니다. 이 위대한 특수성을 갖는 시작을 하나님은 75세의 노인 아브라함으로 시작합니다. 75세의 나이, 하란에서 갈 바를 알지 못하는 개인, 무엇인가를 시작하기보다는, 정리해야 하는 노인을 부르신 것입니다. 하나님은 그 노인을 부르며, 정확하게 당신의 시간과 당신의 계획으로 초대합니다.

그렇다면 하나님은 왜 아브라함을 부르신 것일까요? 고대 근동의 수많은 젊은이, 더 많은 가능성 있는 사람, 충만한 재능이 있는 사람이 있었을 텐데, 왜 정확하게 아브라함을 부르신 것일까요?

이상적인 삶

하나님이 아브라함을 부르신 이유는 이상성을 향해 있습니다. 하나님이 부르는 이상성은 인간의 가능성과는 비교할 수 없는 에너지가 있음을 알려주기 위함입니다. 하나님의 이상성은, 인간으로서는 할 수 없다고 생각하는 그 모든 불가능이, 아무것도 아님을 알려주기 위해서입니다.

아브라함은 그 나이에(?) 가장 이상적인 삶을 살게 됩니다. 당시 고대 근동이 요구하는 요청에 맞는 삶이 아니라, 하나님이 요구하는 요청에 맞는 삶입니다. 그 부르심은 때로 거친 곳으로 이동하게 하고, 때로 익숙한 것을 버리게 하고, 무엇보다 수많은 위협에 직면하게 합니다. 그러나 가장 중요한 한 가지를 정확하게 얻게 됩니다. 그것은 아브라함이 그토록 갖고 싶었던 아들 이삭이 아닌, 그 아들을 주신 하나님과의 관계입니다. 무엇보다 중요한 것은, 하나의 인간이 한 분인 하나님과 구체적으로 관계를 맺는다는 것이 어떤 의미인지, 어떤 시간으로 살게 되는지를 보여주고 있습니다.

우리는 지금, 그리스도인으로서 "어떻게 살 것인가?"를 논의하다 여기까지 왔습니다. 그 어떻게 살아야 할 삶은, 응당 "이상적인 삶을 살아야 한다"라고 이야기하다가 여기까지 왔습니다. 그리고 그 삶의 모델로서 아브라함을 보고 있었습니다. 아브라함을 보되, 그의 시작에 대해서 살펴보았습니다. 우리는 이런 아브라함의 시작을 보면서, 하나님의 정확한 의도를 알아야 합니다. **그것은 그리스도인이 살고 싶은 이상적인 삶의 시간은, 하나님 없이는 불가능하다는 것입니다.**

그대는 허물어 가는 나이를 살고 있습니까? 열정을 갖는 것마저 미안한 나이를 살고 있습니까? 무엇인가를 다시 시작하는 것이 두려운 나이가 되어버렸습니까? 그대가 어떤 시간을 가지고 있는지는 모르지만, 한 가지는 정확하게 합시다. 그대는 지금 구체적인 하나님과의 관계를 가지고 있나요? 그리고 그분의 요구에 맞게 살아가고 있습니까?

우리가 가진 성경이 진정 맞는다면, 한 가지는 확실합니다. 하나님과 관계를 정확하게 맺는다면, 그대의 시간은 아무것도 늦은 것이 아닙니다. 그분의 요구대로 살기 위한 결심과 노력들은, 모든 의미를 꽃피워냅니다. 사실, 30대 중반,

40대 초반, 그리고 50대에 이르기까지, 무엇인가를 시작한다면, 이 〈하나님과의 관계〉로부터 시작하는 감각을 가져야 합니다. 늦깎이일수록 〈타인의 관계〉 혹은 〈시선의 관계〉로부터 시작한다면, 그것만큼 어려운 일이 없습니다.

애매한 당신의 나이에게 정확한 권면을 합니다. 하나님과 관계를 맺으시길 바랍니다. 삶의 시간도 구분하고, 에너지의 한 조각도 분리해서, 하나님에게만 집중하는 시간을 가지길 바랍니다. 하나님은 결코 실수하지 않으시고, 정확한 지점을 우리에게 제시하실 것입니다. 사실, 애매한 나이일수록 필요한 일어남의 기술은, 시작의 기술이 아닌, 〈다시, 시작〉하는 기술입니다. 다시 시작하는 그 지점에서, 하나님께 온 마음으로 물으시길 바랍니다.

무엇부터 다시 시작할까

이제부터는 정말 다른 것을 고민해야 합니다. 진정 새로운 것을 고민해야 합니다. 지금까지 저는 시간 자체에 대해서 설명했고, 그 시간과 함께 얽혀 있는 희망감정과 양가감정에 관해서 논의했습니다. 그리고 결론적으로, 그대가 하나님 안에 있다면, 그 어떤 시간도 늦은 시간이 아니라는 것을 이야기했습니다. 내가 어떤 시간에 있는지는 중요하지 않습니다. 그렇기에 나의 애매한 나이, 모호한 나이 속에서 가장 먼저 시작할 것은 〈하나님과의 관계〉입니다. 시작이 그 지점이라면, 어떤 의미를 담아도 충분한 시작이라고 이야기했습니다. 그대는 스스로 자신의 시간을 이해할 때, 이 각진 구분점으로 스스로에게 자주 강조해야 합니다.

그렇다면 하나님과의 관계 말고, 나의 시간 속에서 다시 시작해야 할 것은 무엇일까요? 결론적으로 이야기하면, 그것은 〈거꾸로 시간 읽기〉입니다. 말이 조금 어렵다고요? 아닙니다.

그대가 매번 조급했던 이유는, 10대로부터 20대를 읽었기 때문이고, 20대로부터 30대를 읽었기 때문입니다. 그리고 30대로부터 40대를 읽으려고 하고 있기 때문입니다. 즉, 정방향의 관점에서만 나를 통과한 시간을 읽으니, 매번 조급했던 것입니다. 그래서 시간과 기회가 늘 모자랐던 것입니다. **그러나, 역방향의 관점에서 시간을 읽는다면, 지금 그대의 30대 혹은 40대는 전혀 다른 세상 읽기가 됩니다.** 그대가 몇 살에 죽을지는 모르겠습니다. 그러나 90세로부터 나의 30대를 읽는다면, 혹은 100세로부터 나의 40세를 읽는다면, 지금 나에게 주어진 가능성과 기회들은 무궁무진한 것입니다. **막힐수록 거꾸로 시간을 읽어야 합니다. 그것이 지혜입니다.**

저의 이 이야기를 들으면서, "80세에 무슨 재미가 있을까?", "90세에 인생의 어떤 의미가 있겠는가?"라고 비꼬듯이 따져볼 수도 있을 것입니다. 그러나 그런 생각을 가진 분들이야말로, 우리의 위대한 공통점인 〈그리스도인〉답지 않은 생각이라고 말하고 싶습니다. 하나님이 주신 우리 인생을 해석할 때, 그런 생각이야말로 편협한 생각이고, 공허한 생각이고, 믿음이라고는 전혀 없는 생각입니다. 아주아주 못생긴 생각입니다.

앞서 잠시 이야기했듯이, 성경에서 하나님은 40세, 60세, 75세, 80세, 85세, 90세 등등 수많은 노인을 부르십니다. 심지어 그들에게 꿈을 주시고, 개척하게 하시고, 필요할 땐 전쟁을 하게 하십니다. 그들을 통해 하나님의 나라를 이루게 하십니다.

하나님이 노인들을 자주 부르신 이유는, 인간의 가능성과 비교할 수 없는, 놀라운 하나님의 이상성 때문입니다. **80세의 그대의 소망 있는 모습을 보십시오. 90세에도 꿈을 꾸는 그대의 모습을 보십시오. 100세에도 여전히 활력 있는 그대의 두 눈을 묵상하십시오. 지금 그대가 마주하고 있는 애매한 30대, 모호한 40대 정도는, 우주 같은 가능성을 가지고 있는 것입니다.**

나이를 이긴 사람들

나이를 이긴 사람들이 있습니다. 아름다운 그들의 전설과 같은 이야기들이 우리의 현실 속에 있지만, 우리는 그런 이야기에 귀 기울이지 않습니다. 다들 뻥(?)이라고 의심합니다. 그렇죠. 슬프지만, 돼지 눈에는 돼지만 보이는 법이니까요. 그러나 나이를 이겨, 시간을 이겨낸 사람들은 여전히 현존하고, 그들의 고결함은 지금도 우리에게 유장한 강물과 같은 이야기로 전해집니다. 저는 이 부분을 가장 잘 설명하는 책 중에 《시간의 마스터》의 한 부분을 직접 발췌하여 여러분에게 설명하려고 합니다.*

지금은 고인이 되셨지만, 90세의 나이에도 열정적으로 자신의 전공에 대해서 책을 쓰신 분이 있습니다. 그분은 20세기 경영학의 대부로 존경받고 있는 피터 드러커Peter Ferdinand Drucker입니다. 이분은 1909년 11월에 태어나서, 2005년 11월에 돌아가셨는데, 자신이 죽기 1년 전까지도 전공서적을 집필하실 정도로 열정적인 분이었습니다. 피터 드러커는 전 세계의 기라성 같은 재계 총수들과 경영학 교수들을 제자로 두었으면서도 3년마다 완전히 새로운 분야를 골라서 처음부터 공부했습니다. 드러커는 옛날에 직접 쓴 책을 읽기보다는 늘 새로운 책을 쓰는 데 골몰합니다. 드러커에게 자신이 쓴 책들

* 한홍, 《시간의 마스터》, 서울:비전과리더십(2005), p.177–179

중에서 어느 책이 가장 좋은 책이냐고 물어보면, "다음에 나올 책"이라고 서슴없이 대답합니다. 그는 어떻게 이런 열정을 가지게 되었을까요? 그 이유에는 어떤 계기가 있습니다.

피터 드러커가 18세가 되던 해, 19세기가 낳은 가장 위대한 작곡가 중 한 사람인 베르디의 오페라를 관람하러 갔었다고 합니다. 그때 연주된 작품은 베르디가 1893년 생애 마지막으로 쓴 오페라 팔스타프Falstaff입니다. 물론, 이 곡은 지금은 베르디의 작품 중 최고로 평가받고 있지만, 당시에는 오페라 가수들이나 청중 모두가 너무 어렵다고 평가하던 음악이었습니다. 하지만 청년 드러커는 이 곡을 들으면서 엄청난 충격을 받았습니다. 그는 자신이 음악의 도시인 비엔나에서 성장하면서 평생 뛰어난 음악을 듣고, 나름대로 음악에 대한 조예가 깊다고 생각했지만, 그날의 연주에서 받은 충격이 컸습니다. 그 오페라는 그야말로 펄펄 뛰는 생명력으로 가득 차 있었던 것입니다.

피터 드러커가 더욱 놀란 것은 베르디가 그 생명력 있는 음악을 작곡했을 때가 80세였다는 사실입니다. 당시 겨우 18세였던 드러커에게 80세는 까마득한 나이로만 여겨졌습니다(당시 평균 수명은 50세를 넘을까 말까 했습니다).

드러커는 우연히 당시 베르디가 쓴 글을 읽어볼 기회가 있었습니다. 누군가가 베르디에게 "이미 선생님은 고령이시고, 19세기 최고의 오페라 작곡가로서 명성도 굳히셨는데 왜

군이 힘을 들여서 그 어려운 새 오페라 곡을 또 작곡하십니까?"라고 물었다고 합니다. 그 물음에 베르디는 이렇게 대답했다고 합니다. "평생을 음악가로 살아오면서 나는 항상 완벽을 위해 몸부림쳐왔소. 그리고 그것은 항상 나를 매료시킨 목표였소. 그러니 나는 한 번 더 시도할 의무가 있다고 생각하오."

피터 드러커는 그 말에 감동을 받고 뇌리에 깊이 새겼습니다. "베르디는 18세 때 이미 탁월한 음악가였지만, 사실 그때 나는 내가 앞으로 무엇을 하게 될지 전혀 감이 없었죠. 당시 나는 아직 성숙하지 못하고 모든 것이 무모했던 평범한 18세의 청년이었으니까요. 15년이 지난 30대 초반이 되어서야 내가 잘하는 분야를 찾을 수 있었죠. 하지만 그때 나는 내가 무엇을 하든지, 베르디의 말을 내 평생 삶의 지침으로 삼기로 했소. 아무리 나이가 들어도 절대로 포기하지 않고 계속 전진하기로 말이오. 그리고 항상 완벽을 추구하기 위해 몸부림치기로 결심했소."

여러분은 이 이야기를 들으면서 어떤가요? 인생의 열정이 20대만 가져야 하는 전유물일까요? **인생의 가능성이 20대에만 국한된 특산물일까요? 결코 아닙니다. 그런 정방향의 관점으로만 나의 30대, 나의 40대를 읽으니, 아주 근사할 수 있는 오늘도, 시시한 하루밖에 되지 않는 것입니다. 역방향으로 인생을 계산해서, 오늘을 읽는 지혜가 필요합니다.**

사실, 고난의 문제도 마찬가지입니다. 왜 기독교는 하나님 안에 있을 때 그 아픈 고난을 〈축복〉이라고 하는 것일까요? 그것은 방향의 차이 때문에 그렇습니다. 그대는 과거를 계산해서 오늘을 읽기 때문에, 오늘 내 뜻대로 이루어지지 않는 수많은 것들에 좌절하고 아파하고 상실합니다. 그래서 '내가 오늘 고난을 당한다'라고 생각합니다. 그러나 하나님이 그대에게 꼭 오늘에, 그런 고난을 주신 이유도 생각해보셨나요? 그 이유는, 하나님은 내일의 관점에서 오늘을 읽기 때문입니다. 인간은 과거로부터 오늘을 읽고, 하나님은 내일로부터 오늘을 읽습니다. 이것은 엄청난 차이입니다.

죽음을 계산해서 오늘을 읽읍시다. 그런 나의 오늘은 얼마나 멋진가요? 얼마나 가능성 있는 것인가요? 지금은 좌절할 때가 아닙니다. 지금은 낙심할 때가 아닙니다. 지금은 더욱 열심히 계획하고 기도하고 열정적으로 무엇인가를 알아볼 때입니다.

그래도 난 여유가 없어서_

그러나 끝까지 이렇게 생각하시는 분이 있습니다. "아무리 역방향으로 내 인생의 오늘을 읽어도, 나는 지금 여유가 없다"라고 하는 사람들입니다. 마치 좌절하기로 작정한 사람처럼, 절망하기로 결단한 사람처럼 말입니다. 이런 사람들은 벼랑 끝을 달리는 자동차처럼, 자신에 대한 침울한 해석을 그치지 않습니다.

자신의 시간과 그에 따른 상황에 대해서 최악이라고만 생각합니다. 그래서 결국 자신은 아무것도 하지 않습니다. 그리고 때때로 자신에게 올라오는 연민의 감정으로, 지나친 외로움에 갇혀 시린 눈물을 흘리기도 합니다. **그러나 외로움을 이기는 첫 번째 비결 또한 아무것도 하고 싶지 않은 유혹을 이기는 일입니다. 말이 이상하지만, 여유를 만드는 비결은, 이유를 만드는 것입니다.**

그런 예를 가장 잘 보여주는 사람이 〈바울〉입니다. 참 재미있는 말씀 한 구절을 보죠.

> 네가 올 때에 내가 드로아 **가보의 집에 둔 겉옷을** 가지고 오고
> 또 **책은 특별히 가죽 종이에 쓴 것을** 가져오라
>
> 디모데후서 4장 13절

바울은 지금 감옥에 있습니다. 그러나 그는 "내 신세는 왜 이런가?" 하고, 하루 종일 앉아서 하나님을 원망하거나 한숨짓지 않았습니다. 대신 바울은 자신의 빈 시간들을 활용하기 위해 적극적으로 나서며 외로움과 정면으로 맞서 싸웁니다. 그것이 바로 디모데에게 덮을 겉옷(담요)을 가지고 오

고, 가죽 책들을 가지고 오라는 것입니다. 저는 이 작은 구절에서 희망을 읽어내는 바울의 시야를 봅니다. 그는 절망의 감옥과 자신의 육신이 갇혀 있는 현실 사이에서도 얼마든지 희망적으로 살 수 있음을 보여주고 있는 것입니다. 따라서 그의 걸음은, 한 평의 감옥 속에서도 봄을 일깨우는 전사의 발자국이었습니다.

바울은 이왕에 감옥에 갇혀 있을 것 같으면, 감옥을 연구소로 삼아 일하겠는 것입니다. 바울은 체질적으로 행동파였지만 하나님께서는 무슨 이유에서인지 바울로 하여금 몸을 움직일 수 없는 감옥에 자주 가게 하셨습니다.

감옥에서 다른 것은 할 수 없기 때문에 바울은 각 교회들을 격려하고 가르치는 편지를 썼고, 이것이 훗날 모든 교회의 교과서가 되는 신약성경의 목회서신이 됩니다. 신약성경의 전체 분량으로 본다면, 70퍼센트 이상 되는 분량입니다. 사실 천성이 행동파인 바울은 감옥에 갇혀 있지 않으면 책을 쓸 사람은 아닙니다. 혹은 편지를 쓸 사람이 아닙니다. 그는 편지보다는 자신이 직접 그곳에 가는 사람입니다. 그러나 이렇게 하나님은 우리 삶의 숨겨진 보석을 끌어내기 위해 우리에게 외로운 시간들을 허락하실 때가 있습니다. 적극적이고 창조적인 시각으로 보면 하나님은 모든 상황에서 최고를 끌어내시는 분임을 알게 됩니다.

월남전에서 포로가 된 미군들이 포로수용소에서 참으

로 외롭고 힘든 시간들을 보내며 간신히 살아남았는데, 이들 중에 많은 수가 단순히 살아남은 데 그친 것이 아니라 갇혀 있는 시간을 기가 막히게 활용했습니다. 그래서 더욱 재미있는 일화들이 많이 있습니다.

어떤 포로들은 기타 치는 법을 배워서 4,5년 포로생활 후엔 훌륭한 연주자들이 됩니다. 기타가 수용소 안에 있었냐고요? 천만에 말씀입니다. 기타를 잘 치는 포로 하나가 긴 막대기에 줄 몇 개를 달아놓고 가르친 것입니다. 다른 할 일이 없으니 모두 거기에 집중해서, 몇 명은 아주 기타 도사가 되었습니다. 또 밴드에서 키보드를 치던 한 포로는 나무판자에 건반을 그려 동료들에게 피아노를 가르쳐서 몇 년 뒤엔 아주 훌륭한 연주자를 만들었습니다. 또 어떤 포로는 몇 년 동안 팔 굽혀 펴기를 쉬지 않고 연습합니다. 그래서 미국으로 돌아왔을 때는 한 번에 4,500번의 팔 굽혀 펴기를 해내는 세계 신기록을 세우기도 합니다.

공군대령 조지 홀 같은 사람은 7년의 수용소생활 동안 매일 골프 스윙 연습을 했습니다. 긴 나뭇가지 하나를 주워서 골프채라 생각하고 매일 휘두른 것입니다. 그는 미국으로 돌아온 지 일주일 만에 미국 뉴올리언스 골프 토너먼트에 출전해서 우승을 했습니다. 뿐만 아니라 여러 인종이 함께 섞여 포로생활을 하다보니, 불어, 한국어, 스페인어, 중국어 같은 제 3세계 외국어들을 2,3개씩 자유롭게 구사하게 되었습니다. 4,5년을 매일 함께 지내며 자연스럽게 서로의 언어를 습득하게 된 것입니다.

영원한 베스트셀러인 《실낙원》Paradise Lost과 《복락원》Paradise Regained을 쓴 17세기 영국이 낳은 위대한 문인인 존 밀턴John Milton의 일화를 끝으로, 이 이야기를 정리해보려고 합니다. 존 밀턴은 30대부터 시력이 계속 나빠지다가 43세 때 마침내 실명하게 됩니다. 그런데 그의 작품들 중에서 가장 유명한 작품은 그가 실명에 임박해서 고난과 싸우는 가운데서 쓰였다고 합니다. 그는 하나님을 위해 위대한 일을 하기 원했으나, 실명으로 인해 그 모든 꿈이 수포로 돌아갈지도 모른다는 절망감에 휩싸였습니다. 그러나 하나님은, 그 절망 속에서 일어날 수 있는 은혜를 주시고, 그 절망감으로 위대한 소설을 쓰게 합니다. 즉, 밀턴의 생애에 가장 어둡고 외로운 시간은 오히려 인류 문학사에 찬란한 선물을 탄생하게 하는 요람이 된 것입니다.

그대는 어떤가요? 감옥에 갇힌 바울보다 절망적인가요? 포로수용소에 있는 군인들보다 고난 중에 있나요? 시력을 잃어버린 존 밀턴보다, 더 상황이 내 편이 아닌가요? **우리 천천히 생각해봅시다. 〈시간〉은 언제나 내 편이 아니었습니다. 〈조건〉도 내 편이 아니었습니다. 그렇기에, 바쁘고 절망스럽고 여건이 안 되는 것은 언제나 당연한 일입니다. 이제는 여유를 찾는 것이 아니라, 이유를 찾아 살아야 합니다. 〈이유〉가 있는**

사람은 모든 막힌 곳에서 틈을 찾아냅니다. 그리고 그곳에서 아름다운 꽃 심기를 주저하지 않습니다. 인생의 외로운 시간들을 그냥 앉아서 신세한탄만 하며 허송세월 하지 맙시다. 이유가 있다면, 분명 길은 있습니다.

시간의 주인을 믿는 믿음

끝으로 한 가지를 정리하며, 이 이야기를 하고 싶네요. 기독교 신앙은, 이 땅에 있는 모든 것들은 하나님이 만드신 것이라고 철저히 신앙고백 합니다. 그리고 이 신앙고백의 끝에는 한 가지가 정확하게 전제되어 있습니다. **그것은 이 모든 것들의 주인은 하나님이라는 것이죠.** 그렇기에, 길거리에 흔하게 볼 수 있는 들풀도, 물속의 물고기도, 공중의 새도, 무엇보다 나에게 주신 물리적인 집, 자동차, 돈, 음식 등등 그 모든 것들의 주인이 〈하나님〉이라고 고백합니다. 실로 아름다운 고백이 아닐 수 없습니다.

그러나, 이런 고백을 하면서, 그대는 자주 망각하는 것이 있습니다. 그것은 그대의 존재 자체의 주도권입니다. 나라는 존재는 하나님이 선물로 주셨으니, 나라는 존재는 내 것이라고 생각합니다. 무엇보다 나의 시간은, 그 누구도 침범할 수 없는 나만의 것이라고 생각합니다. 각박한 현대 사회일수록 더욱 그렇죠.

소중한 그대여, 그대의 그 소중한 시간을 지키기 위해서 감히 하나님에게도 대립각을 세우고 있는 것은 아닌지요? 그대의 소중한 시간의 권리 행사를 하기 위해서, 시간을 선물로 주신 하나님에게도 가시 돋친 감정으로 대하는 것은 아닌지요?

성실하신 하나님은 그대를 포기할 수 없어서, 그대의 대립각을 허물어 그대의 시간으로 들어오기 원하십니다. 수많은 방법을 사용해서, 그대의 안으로 들어가기 위해 노력하십니다. 여전히 그대는 문전박대를 하지만, 신실하신 하나님은 오늘도 시도하십니다. 그리고 그대의 시간을 뚫고 들어와 그대와 함께, 참으로 진정성 있는 것들을 시도하기 원하십니다. 어떻게 그것을 아냐고요? 2천 년 전 예수 그리스도께서 이 땅에 오실 때, 그분의 이름을 통해서, 하나님의 의도를 알려주셨죠.

보라 처녀가 잉태하여 아들을 낳을 것이요
그의 이름은 임마누엘이라 하리라 하셨으니
이를 번역한즉 하나님이 우리와 함께 계시다 함이라

마태복음 1장 23절

처음부터 끝까지, 그분은 우리와 함께하길 원하셨습니

다. 궁극적으로 하나님의 아들 예수님을 이 땅에 보내신 이유, 아니 그대에게 보내신 이유도, 그대의 시간 속에 들어오길 원하신 것입니다.

그렇다면, **이제는 내 인생의 시간의 주인이 나라고 생각하는 그 특유의 고집을 스스로 굴복시킬 필요가 있지 않을까요? 그대의 시간의 주인을 하나님으로 전환합시다.** 그리고 하나님과 동행합시다. 그대의 나이가 애매한 30대, 모호한 40대일지라도, 그대가 1인이라 할지라도, 전혀 문제가 없을 것입니다.

alone

5장

성욕

사실, 이 책을 쓰면서 여간 고민이 아니었던 부분이 바로 이 〈성욕〉입니다. 그 이유는 '기독교에서 말하는 성욕'과 '성경에서 말하는 성욕', 그리고 '그리스도인의 윤리와 상식으로서 말하는 성욕'이 서로 다른 부분이 많이 있기 때문입니다. 우리의 위대한 공통점인 그리스도인이라는 우주적인 전제로부터, 이 세 가지 영역을 일치시키고 조화롭게 말하는 것도 상당한 작업인데, 그것을 넘어서 〈1인 감정사용법〉으로 성욕을 이야기하려고 하니, 여간 고심이 되는 것이 아니었습니다. **그래서 글을 시작하기 전에 그대에게 한 가지는 분명하게 말하고 싶습니다. 여기서부터 시작되는 글이, 평소 그대가 가지고 있는 성性에 대한 생각과 많이 다르더라도, 이 책 자체가 잘못되었다고 생각하지 마십시오. 또한 평소 성에 대해서 그대가 가지고 있다는 생각이 옳다고도 생각하지 마십시오. 성에 있어서 확신하는 그런 오만과 편견은, 수증기 속에서 이데아 찾기를 하는 몽상일 뿐이니까요.**

욕구

그대도 잘 알겠지만, 인간은 어떤 욕구로 움직입니다. 그것은 자연스러운 것이고 건강한 것입니다. 인간이 약해지거나 병이 들면, 가장 인간다운 욕구도 사그라지는 법입니다. 그것만큼 슬픈 것도 없습니다. 우리 인간에게는 수많은 욕구가 있고, 그 욕구는 매일, 매 순간 새로운 탄생과 소멸의 원주율을 경험합니다.

다채로운 인간의 욕구 속에서 가장 주된 욕구는 3가지입니다. 음식을 향한 욕구, 성을 향한 욕구, 잠을 향한 욕구입니다. 이 욕구들 중에, 가장 숨기고 싶고 또한 드러내서는 안 되는 욕구(?)가 있습니다. 바로 성욕입니다. 때에 따라서 음식을 향한 욕구와 잠을 향한 욕구도 대중 앞에서 드러내서는 안 되지만, 혹 드러나더라도 욕을 할 수는 없습니다. 왜냐면, 우리 모두는 '인간'이라는 것을 알고 있기 때문입니다. 대중 앞에서 이 두 가지 욕구가 날 것의 표현으로(?) 드러나더라도, 일반 사람들은 그것을 욕하기보다는 "에휴"라는 한숨 소리와 함께, 가장 인간적인 연민의 감정을 보냅니다. "얼마나 졸리면", "얼마나 배가 고팠으면"으로 시작되는 말들입니다. 그리고 상황에 따라서 수면욕과 식욕은 연민을 넘어서 동정까지 얻게 되기도 합니다.

그러나 성욕은 다릅니다. 이것이 대중 앞에서 드러나면 드러날수록, 연민과 동정과는 거리가 먼 따가운 시선을 받습니다. 성욕은 가장 인간다운 욕구지만, 이것을 잘못 들켰다가는 오히려 "짐승(?) 같은 놈"이라 욕을 듣습니다. 성욕에 있어서 누구도 자유로울 수 없지만, 누군가에게 성적인 부도덕함이 드러난다면, 누구나 자유롭게 그 사람을 향해 돌을 듭니다. 마치 나는 아닌 것처럼요. 일반에게도 성욕의 욕구 표현이 이러할진대, 그리스도인에게는 더욱 엄중한 도덕을 요구합니다. 그렇기에 인간의 성욕은 아니, 〈그리스도인의 성욕〉은 좀 더 세밀하게 접근해야 하고, 다각도로 다루어져야 합니다. 또한 많은 지식을 필요로 합니다.

그러나 우리의 현실 속 성욕은 너무나 슬픈 멜로디를 연주합니다. 인간의 욕구 중 성욕이야말로 가장 섬세하게 다루어져야 하고, 다각도로 연구해야 하며, 많은 지식이 필요한데도 침묵만이 금인 것처럼 대합니다. 그리스도인인 우리에게는 더욱 그렇습니다. 그리스도인으로서 가장 다각도의 가르침이 있어야 할 성욕이 설교 안에서도, 교회 안에서도, 침묵과 회피로 일관할 뿐입니다. 적절한 가르침을 요구하면, '밝히는 사람(?)'으로 낙인찍힙니다.

그래서 너무나 비참한 것은, 예수를 믿지 않은 사람과 예수를 믿는 사람이, 성욕에 있어서만큼은 동일한 자세(?), 동일

한 마음가짐(?), 동일한 행동(?)에 기반을 두고 있습니다. 그 동일한 기반은, 외설적이고 음란하고 더럽고 가장 비현실적인 판타지를 지키고 있다는 것입니다. 이런 예상들이, 저의 성급한 일반화의 오류였으면 좋겠고, 저의 아주 비약적인 흑백 논리였으면 좋겠습니다.

성경은 무엇이라고 할까?

여하튼, 혼자 있으면 있을수록 강해지는 욕구는 성욕입니다. 또한 둘이 있어도 강해지는 욕구가 성욕입니다. 심지어 다수와 있어도 이상하게 강해지는 것이 성욕입니다. 이 성욕은 젊은이만 있는 것이 아니라, 나이에 상관없이 남자라면, 여자라면 동일하게 있는 것입니다. 그리고 항상 강력하게 있는 것입니다.

그러나 일단, 우리의 이 논의에 연인 혹은 결혼한 사람은 먼저 제외합시다. 그렇다면 이 강력한 성욕을 젊은 1인 그리스도인들은 어떻게 해결해야 할까요? 혹은 나이가 애매한 사람들은 어떻게 해결해야 할까요? 또 남자와 여자가 서로 해결하는 방법이 다를 텐데, 어떻게 해결해야 하는 걸까요?

먼저 성경에서 가르치고 있는 원리는 오직 한 가지입니다. 〈결혼〉입니다. 너무 단순하다고요? 너무 어이없다고요?

혹은, 이런 것이 무슨 가르침이냐고요? 혹은 성욕을 해소하기 위해 결혼을 하는 것은 너무 별로라고요? 그러나 어찌합니까. 이것이 창세기부터 요한계시록까지 일관되게 있는 가르침입니다. 이것이 남자와 여자의 그 복잡하고 단순하며 신비롭고 강력한 성욕을 해결하기 위한 〈유일한 길〉입니다. 그리고 이 유일한 길 속에서만 하나님은 남녀의 성관계를 거룩하다고까지 선언하십니다. 이것이 참으로 아름답고 신기한 지점입니다.

아까도 이야기했지만, 인간의 많은 욕구 중 성욕은 대중 앞에 드러낼 수 없고, 그것이 대중 앞에 잘못 표현되면, 인간적인 연민과 동정보다는 비판과 비난을 받습니다. 무엇보다 지울 수 없는 평생의 낙인이 찍힙니다. 그런데 하나님은 이 인간의 성욕이 결혼을 통과할 때는, 거룩한 것이고 아름다운 것이라고 합니다. 그리고 하나님이 보기에 좋은 것이라고 표현하기까지 합니다.

젊은 그리스도인의 1인, 애매한 나이의 그리스도인의 1인의 성욕에 있어서 중요한 지점은 성욕에 대한 이해와 지식 혹은 〈해소법〉이 아니라, 〈결혼에 대한 이해〉입니다. 이것이 가장 중요한 것입니다. 결혼에 대한 성경의 가르침에 절대적으로 순종하지 않거나, 희망하지 않거나, 동의하지 않은 1인 그리스도인의 성욕은, 그 어떠한 경우에도 모두 인정될 수 없는 것입니다. 제가 너무 단호하고 과한 것이 아니라, 그동안 성욕과 결혼에 대한 성경의 가르침이 강조되지 않은 것입니다.

그리스도인, 결혼 그리고 성욕

성경이 참된 진리이고, 이 진리는 인간이 구원 얻을 지식이 있다는 것을 믿는다면, 성욕에 있어서 결혼이라는 방향을 제시하는 성경의 일관된 가르침도, 절실하게 받아들여야 하는 것입니다. 그러나 그리스도인은 너무 거룩하고(?) 너무 로맨틱(?)해서, 〈성욕〉이라는 관점에서는 〈결혼〉을 이해하려 하지 않습니다. 그러나 그것만큼 성경에서 말하는 결혼을 오해하는 것도 없습니다.

하나님이 그들에게 이르시되
생육하고 번성하여 땅에 충만하라,
땅을 정복하라, 바다의 물고기와 하늘의 새와
땅에 움직이는 모든 생물을 다스리라 하시니라
창세기 1장 28절

부부의 성욕과 그것을 표현하는 성행위가 거룩한 명령이라는 것은, 창세기를 시작하면서부터 이야기하고 있습니다. 이것이 참으로 놀라운 것입니다. 그런 관점으로 보면, 창세기 1장은 참으로 신비하고 재미있는 장입니다. 하나님은 천지를 7일 동안 창조하시고, 하루가 끝날 때마다 한 가지 표현을 사용하십니다. "보기에 좋았더라"입니다. 잘 알고 계시죠? 그러나 동물들과 인간을 창조하시고는 그전과는 다른 새로운 표현을 사용하십니다. 그것이 바로 "생육과 번성과 충만"(창 1:28)입니다. 그리고 피조물의 그런 행위를 "심히 보기 좋았다"(창 1:31)라고, 더 강조합니다.

응당 여기에는 강한 힘으로 끌어당기는 아름다운 성관계를 통해 남편과 아내가 서로를 느끼게 만드는 과정이 반드시 포함됩니다. 두말할 것도 없이, 아담과 하와는 에덴동산에서 하나님이 의도하신 그대로, 그들을 강하게 밀착시키는 이 힘을 느꼈을 것입니다. 에덴동산에 죄가 들어오기 전에도 이미 성관계를 즐겼을 것입니다.

하나님께서 우리의 즐거움을 위해 인체의 성기능 구조를 설계하셨다는 생각이 혹자에게는 아주 깜짝 놀랄 일인지도 모르겠습니다. 그러나 기독교 심리학자 헨리 브란트Henry Brandt는 이렇게 말합니다. "하나님께서는 인간 신체의 모든 부분을 만드셨습니다. 그는 어떤 부분은 잘 만들고 어떤 부분은 대충 넘어가거나 하지 않으셨습니다. 그분이 모든 것을 선하게 창조하셨기에 창조를 다 마치신 후에 이를 둘러보시며, '참 보기 좋았더라'(창 1:31)고 말씀하셨습니다." 다시 강조하지만, 이는 죄가 완전무결한 에덴동산을 망쳐놓기 전에 이미 생겨난 것입니다.

그동안 기독교는 그리스도인 부부의 성관계에 대해 그릇된 인식을 하고 있었는지도 모릅니다. 이미 알고 있는 사실이지만, 기독교 지도자들이 오랫동안 이 부분에 대해 솔직하게 말하기를 꺼려 한 까닭에, 결혼생활에 있어서 가장 중요한 성생활이 아름다움을 잃고 그늘지게 된 것인지도 모르겠습니다.

진정한 성경의 요구

조금 더 깊은 차원에서, 그리스도인의 성욕과 결혼의 관계에 대해서 이야기해보도록 하죠.

> 말씀하시기를 그러므로 사람이 그 부모를 떠나서
> **아내에게 합하여 그 둘이 한 몸이 될지니라**
> 하신 것을 읽지 못하였느냐
>
> 마태복음 19장 5절

이 말씀은 예수님이, 제자들에게 〈결혼의 거룩함〉을 알려주기 위해서 하신 말씀입니다. 이 말씀은 자주 듣고, 많이 들어서 우리는 특별한 감격이 없지만, 예수님은 정말 중요한 것을 이야기해주고 있습니다. **그것은 예수님이 결혼을 설명할 때, 가장 먼저 성관계를 설명하고 있다는 것입니다. 왜 그럴까요? 그것은 성관계는 인간의 결혼에 있어서 가장 중요한 것이기 때문입니다.** 물론, 신학적 시각에 따라서, 혹은 목회적 입장에 따라서 이 말씀을 다르게 가르칠 수도 있습니다. 그것은 영적인 연합, 관계의 연합, 가치관의 연합 등등으로 보는 것입니다. 당연히 무리한 해석은 아니죠. 그러나 우리 예수님의 정확한 언어를 봅시다.

"아내에게 합하여, 그 둘이 **한 몸**이 될지니라"

예수님은 이 단순한 한 문장으로, "아내에게로 합하는 한 몸"을 강조합니다. 즉, 정확하게 성관계를 묘사하는 것입니다. 예수님이 결혼을 설명하며, 결혼의 특징을 이야기하며, 결혼을 강조하며, 그것을 성관계로 설명하신 이유는 그대에게 가장 확고한 한 가지를 알려주고 싶은 것입니다. **그것은 그대의 수많은 성욕, 그 무한한 성욕은, 오직 결혼을 통한 한 사람과만 허용된다는 것입니다.**

그렇다면, 기독교의 뼈대를 만든 바울의 이야기도 들어봅시다. 기독교, 성, 부부라는 카테고리에서 파생할 수 있는 "바울이 결혼을 했다", "하지 않았다"의 논쟁은 잠시 미루어둡시다. 지금은 그가 이야기한 인간의 성욕과 부부의 모습을 깊게 봅시다. 그는 히브리서에서 이렇게 말합니다.

모든 사람은 결혼을 귀히 여기고
침소를 더럽히지 않게 하라
음행하는 자들과 간음하는 자들을
하나님이 심판하시리라

히브리서 13장 4절

바울은 결혼을 귀하게 여길 것과 귀하게 여기는 방법을 정확하게 말해줍니다. 그것은 침소를 더럽히지 않는 것입니다. 사실, 이 자체로 많은 것을 고민하게 됩니다. 무엇보다, 결혼과 성관계가 얼마나 깊은 연관이 되어 있는지 알 수 있습니다. 이것은 앞서 살펴본, 결혼에 있어서 예수님의 가르침과 아주 동일한 선상에 있다고 볼 수 있습니다.

성교(coitus)라는 단어는 사랑의 행위를 묘사하는 정확한 단어입니다. 그러나 이 정확한 단어는 우리 그리스도인이 즐겨 사용하기에(?), 어감이 다소 부담스러운 감이 있습니다. 바울도 그랬던 걸까요? 그는 히브리서에서, 침소[bed]라는 단어를 사용합니다. 그러나 이 단어는 헬라어로 코이테(koite)에서 파생되었고, "사정함으로 함께 동거하다"라는 의미가 있습니다. 헬라어 코이테는, "눕다"라는 뜻의 케이마이

(*keimai*)에 그 어원을 두고 있으며, "동침하게 하다"라는 뜻의 코이마오(*koimao*)와도 비슷합니다. 앞에서 말한 성교(coitus)라는 단어가 라틴어 코이티오(*coitio*)에서 오긴 했지만, 헬라어의 코이테(*koite*) 역시 똑같은 뜻이며 부부가 동거하며 침대에서 경험하는 관계를 의미합니다.

그렇다면, 우리가 방금 본 히브리서 13장 4절의 뜻은, 좀 더 구체적인 의미로 번역할 수 있습니다. "모든 부부는 성관계를 귀하게 여기고 순결하게 지켜야 한다." 우리는 이 대목에서 아주 깊이 생각해보아야 합니다. 결혼에 있어서 정말 지켜야 하는 것은 성적인 부분입니다. **그러나 그것은 단순한 의미의 〈성관계〉가 아니라, 단호한 의미로서의 〈성적 순결성〉입니다.** 이것이 부부 관계의 핵심이라는 것입니다. 오히려 성경은 남녀의 결혼에 있어서, 부모의 문제, 직장의 문제, 돈의 문제, 혹은 비전의 문제를 크게 부각시켜서 말하지 않습니다. 심지어 자녀의 문제, 신앙의 문제도 그리 깊게 말하지는 않습니다. **그러나 남녀의 성적 귀속과 성적 성결의 영역만큼은 날 선 정확함으로 이야기합니다.** 바울은 고린도전서에서는 이렇게 말합니다.

음행을 피하기 위하여 남자마다 자기 아내를 두고
여자마다 자기 남편을 두라

고린도전서 7장 2절

만일 절제할 수 없거든 결혼하라

정욕이 불같이 타는 것보다 결혼하는 것이 나으니라

고린도전서 7장 9절

바울은 결혼의 아주 중요한 순기능을 성관계로 봅니다. 그렇기에 홀로 자신을 절제할 수 없는 사람, 혹은 연인과 함께 절제할 수 없는 사람들에게 결혼을 권면합니다. 또한 음행을 피하기 위해서라도 남자와 여자는 결혼을 하라고 말합니다. 성경은 그런 목적과 이유로 결혼을 선택하는 것이 결코 잘못된 것이 아니라고 합니다. 그대는 바울의 이런 권면을 잘못 이해해서는 안 됩니다. 바울이 이렇게 말하는 것은, 누구보다 성경과 인간에 대한 깊은 이해를 가지고 권면을 하는 것입니다.

그대는 슬픈가요?

이 글을 읽는 그대는 지금 어떤 상태인가요? 그대는 혼자인가요? 연인이 있나요? 결혼할 사람이 있나요? 뭐 어떤 상태로 있든지 상관은 없습니다. 이 이야기는 모든 사람에게 적용되기 때문입니다. 글을 읽는 그대도, 글을 쓰는 나도, 하나님 앞에서 공평하게 적용이 됩니다. 미혼인 그대도, 기혼인 나도 하나님 앞에서 똑같이 적용이 됩니다. **그렇기에, 그리스도인의 결혼과 성관계의 순결성은 공정한 기준을 갖는 것입니다.**

글을 읽고 있는 그대는 지금 어떤 감정인가요? 여러 사람과 성관계를 하고 싶은데, 그렇지 못해서 슬픈가요? 혹은 이것을 2천 년 전 구시대적 발상이라고 생각하시나요? 혹은 혼전 성관계는 인간의 자유인데, 동의할 수 없나요? 혹은 속궁합(?)은 결혼 전에 확인해야 하는 필수 과정이라고 생각하시나요? 더 자유롭게 자위행위를 하고 싶고, 더 편안하게 야동을 즐기고 싶은데, 이런 글을 읽으니 부담되시나요? 아니면, 지금 교제하고 있는 사람과 자유로운 성관계를 누리고 있는데, 어떻게 정리해야 할지 몰라 고민이신가요?

이 글을 읽는 그대는 고민이 많아질 것입니다. 그러나 그대가 어떤 고민을 하더라도, **결혼을 통과하지 않은 성관계는 〈죄_〉입니다.** 그리고 이런 말을 해서 "죄_송합니다."

그리스도인, 아니 기독교는 결코 남자와 여자의 육체적인 결합을 부정하지 않습니다. 오히려 이것을 충분히 권하는 것이 성경의 가르침입니다. 그러나 그대도 알고 있고, 나도 알고 있는 전제조건이 있습니다. 그것은 "오직 결혼을 통해서만"입니다. 결혼을 통과하지 않은 육체적인 결합은, 그 어떤 경우에도 부정하는 것이 성경의 가르침입니다. 그렇기에, 외로움이라는 이름으로, 혹은 아무도 보지 않는다는 이유로,

혹은 모든 사람들도 "다 그렇고 그렇다"라는 이상한 이유로, **혼전 성관계를 갖는 것은, 말도 안 되는 이유입니다.** 지금이라도 늦지 않았습니다. 돌이켜야 합니다. 다시 처음부터 질서를 잡아야 합니다.

부러우면 지는 거다?

그러나, 그럼에도 불구하고 그대의 성욕은 우주 같을 것입니다. 그대의 성욕은 길들일 수 없는 야생마 같을 것입니다. 그런 성욕이 남자에게만 있을 것이라고 생각하지는 마십시오. 또 그런 성욕이 젊은 사람들에게만 있을 것이라는 편견을 가지지 마십시오. 남자, 여자, 노인, 아이, 모두 그런 우주 같고 야생마 같은 성욕이 있습니다. 우리는 다 성욕이 있습니다. 프로이트Freud는 인간의 성적 충동이, 인간 안에 있는 운동력, 잠재력이라고 말할 정도로, 인간과 인간의 성이 밀접하다는 것을 이야기합니다.* 그래서 알고 있습니다. 그대가 기독교의 가르침을 듣고, 성경의 요구를 알아도 이것이 좀처럼 해결되지 않습니다. 그죠?

* 프로이트에 의해 1890년대부터 사용된 '리비도'는 막연히 성적 욕망이나 성적 흥미를 가리켰다. 나중에 이 용어는 본능적 욕동 개념과 관련된 이론적 용어가 되었다(1905). 즉 전 생애를 통해 지속되는 성적 흥미나 자극은 다양한 행동과 정신 활동에서 나타난다는 사실을 강조하는 이론이 되었다.

그래서 그대는, 그대의 성욕을 해결한 방법을 찾습니다. 저녁마다 불같이 타오르는 그 욕구를 해결하기 위해 이리저리 방황합니다. 아니, 이미 생활의 한편에 그 방법들이 미리 준비되어 있는지도 모르겠습니다. 빠르고 쉽게 해결할 수 있는 방법들 말입니다. 어떤 것들이 있을까요? 아주 쉬운 방법으로는 자위행위가 있겠고, 더 편한 방법으로는 성인영화, 야동이 있겠고, 더 적극적인 방법으로는 돈을 주고 해소하는 성매매가 있을 수 있겠네요. 요즘에는 성욕을 해소하는 다양한 방법들이 나왔습니다. 일명 성인용품이라는 것들인데요. 성인 장난감, 성인 인형, 자위행위 기구 등등입니다. 개인은 이런 것들을 사용해서 성욕을 해소합니다. 또 성매매의 일환으로, 안마방, 성인 노래방, 키스방, 귀파방, 출장 오피스텔 성매매 등등이 있습니다. 아마 훨씬 더 다양한 방법들이 있을 것입니다.

예수를 믿지 않는 사람들은, 자신의 성욕을 해소하기 위해 위의 방법들을 자유자재로 사용합니다. 양심에 가책을 받지 않고 돈으로 성을 사기도 합니다. 혼자 방구석에서 성인영화를 보든, 야동을 보든, 성인 기구를 사용하든, 자위행위를 하든, 때에 따라 자유자재로 해소합니다. 심지어 요즘에는 이런 성적인 자유로운 해소 방법을 유지하기 위해서 결혼을 하지 않는 사람들도 많이 등장합니다. 그들은 결혼 없는 성생활을 찬양하기까지 합니다. 그들은 자유롭게 연애를 하고, 가볍게 성관계를 갖고, 더 가볍게 이별을 합니다. 이 글을 읽는 그대도 알고 있죠? 예수를 믿지 않는 사람들이, 개별적 성욕을 어떻게 해소하는지를요.

그러나 그대여, 이것이 부럽나요? 이렇게 자유자재로 자신의 성욕을 해소하는 것이, 인생을 제대로 살고 있는 것 같나요? 성욕을 해소할 다양한 방법들이 있는데, 결혼을 하는 것은 미친 짓같이 보이나요? 그래서 예수를 믿지 않는 것이, 성적인 영역에서만큼은 부럽나요? 그대는 이런 세계를 은근히 동경하고 있습니까?

저는 이 글을 통해서 무엇보다 묻고 싶은 것이 있습니다. 그것은 〈그대에 관해서〉입니다. 예수를 믿는 그대는, 그대의 성욕을 어떻게 해결합니까? 예수를 믿는 그대의 성욕 해소 방법도, 앞서 제시한 방법 중 한 가지입니까?

슬픈 현실

슬픈 현실은 여기에 있습니다. 그것은 예수를 믿는 사람과 믿지 않는 사람이, 성욕을 다루고 해결하는 방법만큼은 동일하다는 것입니다. 성욕을 해결하는 지식만큼은, 신자와 불신자가 아주 동일하다는 것입니다. 이 영역에서만큼은, 신자와 불신자 간에 일치와 조화가 이루어지는, 아주아주 이상한 역설이 있습니다.

예수를 믿지 않는 사람들은, 자신의 성욕 해소 방법들에 대해서 자랑하고, 예수를 믿는 사람들은 자신의 성욕 해소 방법들에 대해서 정당화, 합리화를 합니다. 예수를 믿지 않는 사람들은, 결혼 전 성관계를 갖는 회수와 대상이 다양하고 많은 것을 능력과 스펙인 양 자랑을 합니다. 예수를 믿는 사람들은 그것을 방패삼아, “모든 사람들이 다 그렇고 그렇지”라고 말하며, 결혼 전 성관계를 합리화합니다. 그러면서 하는 말이, “삼손도 그랬는데~”, “다윗도 그랬는데~”, “솔로몬은 의자왕보다(?) 후처가 많았는데~”라고 합니다.

그런 이야기를 듣고 있노라면, 슬픕니다. 성적인 영역에 있어서만큼은 예수를 믿는 사람들이 불신자를 따라 해서 슬프고, 또 그들을 동경해서 슬픕니다. 그리스도인이 자신의 부끄러운 성욕 해소법을 반성하기보다 정당화하는 목소리가 커서 슬픕니다. 무엇보다 그 안에서만큼은 예수를 신뢰하지 않고, 예수가 없어서 더없이 슬픕니다.

이 글을 읽으면서, 그대는 이런 반문을 할지 모르겠습니다. “저자! 당신은 그렇게 당당한가요?”, “당신은 그렇게 완벽한가요?” 물론 저 역시 성적인 부분에 있어서 부끄러운 부분이 많습니다. 어쩌면 이 글을 읽는 그대보다 부끄러운 짓을 더 많이 했을지도 모르겠습니다. 그리고 더 많이 반항적이었고, 더 탁월하게 자기 변호적이었고, 더 악랄하게 그들을 동경했는지 모르겠습니다. 무엇보다 지금도 나 자신을, 자신할 수 없습니다. 분명 저는 더 나약하고 악랄하고 나쁜 사람입니다. 그러나 그대와 내가 확실하게 다른 한 가지가 있습니다. 그것은, 감히 바울의 말을 빌리겠습니다.

이 후로는 누구든지 나를 괴롭게 하지 말라
내가 내 몸에 예수의 흔적을 지니고 있노라

갈라디아서 6장 17절

너희가 죄와 싸우되
아직 피 흘리기까지는 대항하지 아니하고

히브리서 12장 4절

성적인 부분에서, 여전히 저는 지난날이 부끄럽고 앞으로도 내 자신을 자신할 수 없습니다. 그래서 그대와 저는 사실 동일한지 모르겠습니다. 그러나 그대와 제가 다른 한 가지가 있습니다. 그것은 지금도 계속되는 이 싸움을 하고 있다는 것입니다. 합리화하지 않고, 정당화하지 않고 싸움을 하고 있습니다. 무엇보다 불신자들을 동경하는 마음은 1도 없습니다. 그래서 나에겐 예수의 흔적이 있고, 피 흘리기까지 싸우는 노력들이 있습니다. 참고로 저는 결혼을 했는데도 말입니다. 그리고 간절하게 희망하기는, 저와 그대가 이 지투하고 끝없는 싸움에서 패잔병보다는 승리자가 되기를 바라는 것입니다.

정확한 한 가지

드디어 이제 참다운 것을 고민할 때가 왔습니다. 그것은 "그렇다면, 그리스도인으로서 어떻게 해야 하는 건가?"라는 주제입니다. 성경에서는 혼자인 그리스도인에게 그 분명한 방향으로 결혼을 말하고 있지만, 결혼하기 전 어떻게 이 우주 같고 야생마 같은 성욕을 해결해야 할까요?

이런 영역을 이야기하는 기독교의 가르침은 굉장히 적지만, 그 적은 가르침 중에서 공통적으로 이야기하는 것이 있습니다. 그것은 운동, 명상, 대화, 함께하는 놀이, 여행 등등입니다. 이런 것들을 권면하는 이유는, 이런 활동들을 통하여 자신의 에너지를 다 쏟으라는 것입니다. 물론, 운동이 도움이 되겠죠. 명상과 대화와 함께하는 놀이와 여행도 도움이 되겠죠. 그러나 그것이 정말 기독교적(?)인지는 고려해보아야 할 부분입니다. 또 인간의 욕구를 깊이 살펴보면, 이런 것을 해도 인간의 성욕은 다른 에너지로 늘 잠재되어 있습니다. 그렇기에 이런 것들이 탁월한 도움이 되는지 모르겠습니다. 적어도 저에게 있어서는, 큰 도움이 되지 않았습니다.

또한 간헐적으로 성적인 해소 방법들을 권유하는 가르침도 있습니다. "자위행위는 죄가 아니다", "야동은 보면 안 되고, 성인물은 봐도 된다", "결혼 전이라도, 콘돔을 사용한 성관계는 괜찮다", "결혼 전이라도, 합의에 의한 성관계는 괜찮다" 등등입니다. 그러나 저는 동일하게 되뇌어 그 끝을 따져 물을 수밖에 없는 것은, 이런 가르침들이 정말 성경적인지 모르겠습니다. 또한 그리스도인들에게 맞는 가르침인지도 여전히 의문이 듭니다.

정확한 한 가지 진리가 있습니다. 그것은 1인으로서 그리스도인의 성욕은, 혼자 힘으로 해결할 수 없다는 것입니다. 그것은 개인의 의지와 지식과 노력의 문제를 뛰어넘는 것입니다. 그렇다면 가장 정확한 한 가지가 명확해집니다. **그것은 그리스도인의 1인 성욕은, 내 힘으로 해결할 수 없다는 것입니다. 그렇기에 바로 하나님의 도우심을 구해야 한다는 것입니다.** 창세기부터 요한계시록까지 매번 동일하게 공통적으로 이야기하는 것이 있습니다. 그것은 인간의 힘으로 해결할 수 없는 것은, 하나님께 맡겨야 한다는 것입니다. 그것은 한 개인의 진로, 취업, 건강, 직장, 결혼 등등의 문제뿐만 아닙니다. 내가 내 힘으로 어떻게 할 수 없는 〈성욕_〉의 문제도 동일합니다. 모두 하나님께 맡겨야 합니다. 그리고 그 은혜로부터 나의 변화를 구해야 합니다. 가장 정확한 한 가지는, 결혼을 만나기 전 그리스도인의 성욕은 내 힘과 능력과

의지로 해결할 수 없다는 것입니다.

그렇다면
그리고
그래서
그러므로
따라서
결국
어떻게 해야 하는 걸까요?

기도하라

제가 그대에게 말할 수 있고, 할 말이 있는 것은 〈기도하라_〉입니다. 너무 싱겁나요? 너무 진부한가요? 혹은 회피처럼 느껴지나요? 만약, 저의 이 말에 그대가 이렇게 느꼈다면 둘 중 한 가지입니다. 건방지거나, 하나님을 믿지 않거나.

기독교의 수많은, 말도 안 되는 기적의 역사들을 곰곰이 돌아볼 필요가 있습니다. 그 수많은 기적들은 언제나 기도 가운데 시작된 것입니다. 또 그 수많은 아름다운 열매도 기도 가운데 생기게 된 것입니다. 하나님의 사람들은 무엇을 해도 기도하기를 주저하지 않았습니다. 그 이유는 그들이 기도할 수밖에 없을 정도로 연약해서가 아닙니다. 그들은 자신의 능력과 지혜보다, 기도가 더 능력이 있다는 것을 신뢰하기 때문입니다. 또한 이 기도의 능력은, 어떤 사건과 일, 사역과 관계에만 적용되는 것이 아닙니다. 이 기도의 능력은 새로운 나를 만들어갈 때, 하나님이 즐겨 쓰시는 최고의 방법이기도 합니다. 나의 육체와 정신, 나의 감정과 의지, 나의 생각과 신념, 그 모든 것들이 기도에 정복당할 수 있다면, 그대는 지금보다 더 아름다운 존재가 될 것입니다.

결혼하기 전, 1인 그리스도인의 성욕의 문제도 마찬가지입니다. 기도를 통과하지 않은 그리스도인의 성욕은, 길들일 수 없는 망아지일 뿐입니다. 하나님의 만져주심이 없는 그리스도인의 성욕은, 고삐 풀린 망아지 같을 뿐입니다. 그대는 자신의 성욕을 맞이할 때마다 기도해야 합니다. 그러나 주문을 외우는 식의 기도로는 곤란합니다. 죽기와 살기로 기도해야 합니다. 자신을 태우면서 기도해야 합니다. 아름답지 못한 그대의 욕망을 불사르며 기도해야 합니다. **정당하지 않은 대상과 성교를 꿈꾸는 그대의 눈과 팔을 찍어버리며 기도해야 합니다. 자신의 부끄러운 과거를 하얗게 불태우며 기도해야 합니다. 그리고 무엇보다 하나님이 나를 다스려주기를 기도해야 합니다.**

마음을 쏟아서, 기도하라

그러나 기도를 하기에 그대는 두 가지 어려움을 가질 수 있습니다.

첫째,

"이거, 진짜 하나님께 솔직하게 다 기도해도 되나?"

둘째,

"그… 힘든 순간만(?) 기도하면 되겠지?"

빛나는 교회생활 속에서 그대가 알고 있는 기도란, 뭔가 아름다운 미사여구로 가득 찬 기도일 것입니다. 거룩하고 진실되며 이타적인 기도들입니다. 물론, 교회 안에서 공중과 회중들 앞에서 하는 기도는 그럴 수 있습니다. 그래서 제가 말하는 영역을 기도하는 것은, 조금 이상한 기도처럼 보일 수도 있습니다. 그러나 기도에 있어서 어떤 논의를 진지하게 말하기 전, 결론부터 말씀드리면, 개인의 기도에 있어서는 온 마음을 쏟아서 기도하라고 말하고 싶습니다. **그 이유는 〈마음을 쏟아서 하는 기도〉는, 결국 자신의 마음에 새겨져 하나님을 보게 하기 때문입니다.** 말이 조금 이상하다고요? 아닙니다.

성욕에 있어서 많은 사람들이 하는 기도는 두 가지일 것입니다.

첫째,

"하나님, 죄송해요…."

둘째,

"그… 그… 앞으로 잘 하겠습니다."

즉, 후회와 다짐의 기도 또는 다짐과 후회의 기도입니다. 그리고 이런 두 가지 영역의 반복을 통해서도 결국 변화되지 않는 자신의 모습을 보며 실망하거나, 하나님의 은혜를 기대하지 않게 됩니다. 그대의 어려움을 잘 알고 있습니다. 그러나, 그럴수록 포기하지 말고 한 번 더 마음을 쏟아서 기도해야 합니다. **그 이유는, 결국 그 기도가 나의 두꺼운 양심과 못생긴 마음을 뚫고 항상 살아 있게 하기 위해서입니다. 항상 살아 있는 기도가, 나에게 하나님의 얼굴을 보여줄, 또 다른 형상이 되게 할 수 있기 때문입니다. 마음을 쏟는 기도가, 하나님의 얼굴같이 나의 마음에 살아 있어야 하기 때문입니다.** 그리고 그럴 때, 그대는 조금 변합니다.

그렇기에 주저 없이 그대의 성욕을 하나님께 드리는 기도를 하십시오. 온 마음을 쏟아서 하나님의 얼굴이 보일 때까지 기도하십시오. 넘어지고 또 넘어져도 주저앉지 말고 기도하십시오. 그리고 작은 영역에서 승리했다면, 앞으로 큰 영역에서는 더 크게 승리할 것입니다.

매번, 마음을 쏟아 기도하라

기도를 하되, 마음을 쏟아 기도했다면 이제 그 기도를 매번 하길 권면합니다. 그 이유는 너무나 단순합니다. 그 기도가 정말 중요하기 때문입니다. 성욕은 인간을 폭력적이게도 하고 로맨틱하게도 합니다. 인간을 울게도 하고 웃게도 합니다. 성욕으로 인해, 가장 상식적인 사람이 비상식적인 사람이 되기도 합니다. 자주 강조했지만, 그리스도인에게도 마찬가지입니다. 그렇다면 이 성욕이야말로 하나님의 철저한 〈다스림〉을 받아야 합니다. 마음을 쏟아서 기도하되, 매번 그렇게 기도해도 하나도 아깝지 않은 기도가 이 영역의 기도입니다. 이 기도는 결코 땅에 떨어지지 않습니다. 결국 나에게 떨어져서, 나를 성장하게 하고 성숙하게 합니다. 그러나 그렇다면, 이쯤에서 또 이런 생각을 할지 모릅니다.

“너무 불편한데, 조금 자유롭게 살 수는 없을까?”
“나만 이렇게 얽매여서 사는 것 아닐까?”

이 세상은 소중한 성의 영역을 풀어헤치고, 그것을 즐기는 형태를 자유인 것처럼 말하는 것 같습니다. 그리고 자신의 성을 지키는 사람을 고리타분한 사람같이 놀립니다. 그런데 잘 생각해봅시다. **왜 인간이 살아가는 수많은 영역 중에서, 유독 성적인 부분에서만큼은 이런 말을 하는 걸까요?**

우리는 자신의 직장을 지키는 사람을 고리타분한 사람이라고 말하지 않습니다. 우리는 자신의 가정을 지키는 사람을 꽉 막힌 사람이라고 말하지 않습니다. 우리는 자신의 소신 있는 생각과 신념을 지키는 사람을 자유도 모르는 바보라고 놀리지 않습니다. 무엇보다 우리는 자신의 고유한 것들을 〈지키는 사람〉을, 인생의 기쁨도 모르는 바보 천치라고 대하지 않습니다. 어디 이런 것뿐이겠습니까? 음식, 음료, 옷 스타일, 취미, 특기 등등 개인의 영역에 국한된 것들을, 이 세상은 존중합니다. 그것을 무시하는 사람을 무례한 사람이라고 하죠. 그러나 유독 성적인 영역에 있어서만큼은 다릅니다. 그것을 지키려고 하는 사람들에게는 온갖 폄하하는 말들과 생각들로 놀립니다.

그러나 그런 순간에 두 가지를 잊지 마십시오. 첫째, 자신의 소중한 성을 지키려는 그대를 그렇게 폄하하여 말하는 사람은, 모두 그대의 성을 탐내고 있는 것입니다. 둘째, 그래서 결국 그대의 그 소중한 성을, 어떤 형태로든지 내어주는 순간 반드시 후회하게 됩니다. 이런 영역의 후회와 아픔, 최악의 결과들은 우리가 살아가는 인생에서 자주 보게 되는 것들입니다. 더 구체적으로 말해볼까요? 혼전 임신, 낙태, 애매한 사회적 관계, 불륜, 파탄 등등입니다. 이 글을 읽으면서 그대는 나에게 이렇게 반문할지 모르겠습니다.

"저자는 지금, 너무 극단적인 것 아닌가요?"

"저자는 지금, 성급한 일반화의 오류를 범하는 것 아닌가요?"

충분히 그럴 수 있습니다. 그러나 그런 반문을 하는 그대가, 단 한 번이라도 성적인 영역에서 최악의 결과들을 맞이한 사람들과 눈물겨운 대화를 해본다면, 반드시 그 생각이 달라질 것입니다. 특히 여성들이 성적인 영역에 있어서 사회적으로 부당하게 당하는 아픔들과 애매한 괴롭힘의 이야기와 그 결과로 마주하는 최악의 결과들을 듣게 되면 그대는 자신의 태도를 반성하게 될 것입니다.

이 사회에서 자주 쓰는 이상한 표현이 있습니다. '내로남불'입니다. 내가 하면 로맨스, 남이 하면 불륜이라는 뜻이죠. 그대는 이 말이 웃긴가요? 그러나 실제로 이 글자의 주인공이 된 사람들은 얼마나 비참한 생활을 하는지 모릅니다. 이혼과 불륜, 부적절한 애인 관계 그리고 최악의 형태로 맞이하는 가정파탄, 혼전 임신, 낙태, 그것으로 인한 복수. 이런 것들은 한 사람을 망가트리기에 충분한 것입니다. 한 사람의 인생을 구렁텅이에 몰아넣기에 충분한 것입니다. 이런 것들을 경험한 사람은 그 영혼의 아름다움, 순수함, 고결함, 그리고 고유함이 다 망가져버립니다. 그렇게 자신의 젊음을 잃어버리고, 그렇게 자신의 빛을 잃어버립니다. 결국 자신의 모든 것을 잃어버리는 것입니다. 이것은 정말 슬픈 일입니다.

그런 슬픈 사연을 가진 사람의 눈동자와 눈물을 본 사람이라면, 그대가 방구석에서 꿈꾸는 성욕이 얼마나 못된 것인지 알게 될 것입니다. 그대가 인간관계 속에서 꿈꾸는 성욕이 얼마나 못돼 처먹은 것인지 알게 될 것입니다. 혹 그대가 〈사회관계〉 속에서 은밀히 시도했던 〈성욕〉이 누군가를 파멸시킬 만큼 〈폭력성〉을 가지고 있었다는 것을 알게 될 것입니다. 그리고 저자인 제가 왜 이렇게 극단적으로 이야기하는지도 조금은 이해할 것입니다.

이제 다시 천천히 생각해봅시다. 이 모든 일이 왜 일어난 것일까요? 그것은 자신의 성욕을 〈정돈〉하지 못해서 일어나는 것입니다. 타인의 성을 탐하려고 하는 교묘한 속임수를 쓰기 위해서 일어난 일입니다. 무엇보다 성과 성욕에 있어서만큼은, 하나님의 다스림을 받지 않으려는 교만과 완악함에서 일어날 수 있는 일입니다. 남자와 여자 사이의 성과 성욕은, 한 사람을 파괴할 수 있는 충분한 힘이 있습니다. 그리고 하나님과의 관계도 파괴할 수 있는 충만한 힘이 있습니다. **그렇기에 우리가 그리스도인이라면 자신의 성욕을 하나님께 다스림을 받는 영역의 기도를, 마음을 다해서 쉬지 않고 해야 하는 것입니다.**

우리는 지금 기도를 하되 "마음을 쏟는 기도를 하라", 그리고 마음을 쏟는 기도를 하되 "매번 그렇게 기도하라"고 이야기하다 여기까지 왔습니다. 그 이유는 마음을 쏟아서 자신의 성욕을 정돈하지 않으면, 내가 누군가를 파괴할 수 있는 주체가 될 수 있기 때문입니다. 자신의 방과 은밀한 구석에서 자신의 성욕을 풀어내는 일을 행할 수도 있지만, 사회적 동물인 인간은 반드시 누군가의 성을 탐하기 때문입니다.

그것은 그리스도인이라도 마찬가지입니다. 그리고 그것은 결혼한 그리스도인이라도 마찬가지입니다. 그리고 이것만큼 음흉하고 폭력적이며 악랄한 것이 없습니다. 그렇기에 젊은 날, 자신의 성욕을 정돈하며 하나님께 마음을 쏟아서 매번 기도하는 것은 매우 필요한 기도입니다. 그것은 하나님나라와 의를 구하는 기도이며, 하나님나라를 확장하는 기도입니다. 무엇보다 자신이 꿈꾸는 배우자를 위해 기도하는 것만큼 중요한 기도입니다. 그 이유는 그대가 꿈꾸는 배우자와 결혼을 해도, 하나님 앞에 다스림 받지 않는 그대의 성욕이 그 귀한 배우자를 슬프게 할 것이기 때문입니다.

그러니 젊은 날 그대의 수많은 열기를 담아, 자신을 〈정돈하는 기도〉를 하십시오. 비록 넘어지더라도 다시 일어나 기도하십시오. 이 기도를 쉬지 마십시오. 중요하고 필요한 기도입니다.

회복을 꿈꾸는 그대에게

이제 이 글을 읽으면서 이런 생각을 할지 모릅니다.

"… 회복할 수는 없는 것인가?"

사실, 어떤 논의를 하기 전에, 저는 이 〈회복〉이라는 단어만 묵상해도 눈물이 납니다. 그 이유는 그 과정이 정말 어렵다는 것을 누구보다 잘 알고 있기 때문에 그렇습니다. 그리스도인은 각진 영역 속에 나름의 공통적 상식선으로, 추구하는 가치관과 진리가 있습니다. 그리고 그것들이 무너졌을 때, 우리는 회개를 하고 회복을 꿈꿉니다. 그것은 실로 다양하며, 진실로 순수합니다. 그리고 우리는 자주 넘어지는 만큼, 자주 일어나기도 합니다. 그러나 성적인 영역에서는 그것이 쉽지 않습니다. 한 개인에 관한 것도 그러할진대, 어떤 사회관계, 어떤 인간관계에 묶여 있다면 더욱 그렇습니다. 결국 그것은 한 개인에게 지울 수 없는 상처가 됩니다.

그러나 여기서 끝이 아닙니다. 성적인 영역에서 무너짐을 경험한 사람들은, 결국 하나님과의 관계도 단절되는 것을 경험합니다. 이것이 더 혹독한 문제입니다. 그 이유는 그리스도인이 다시 일어날 수 있는 근원적 근거도 결국 하나님과의 관계이기 때문입니다. 그리스도인은 모든 영역에서 자주 넘어집니다. 그러나 무너진 대부분의 영역에서 금방 일어납니다. 어떤 이기심, 욕심, 미운 관계, 자신의 무능과 무지, 실수, 실패, 좌절, 자신의 결심과 결단, 경건생활 등등 **수많은 영역에서 그리스도인은 매번 넘어지지만, 다시 하나님을 의지해서 자주 일어납니다. 그러나 〈성적인 영역〉은 다릅니다. 이 영역이 무너지면, 하나님을 의지하고 싶지만, 하나님이 얼굴을 숨기는 것 같은 느낌이 듭니다. 하나님을 찾아도 하나님이 계시지 않은 것 같은 느낌이 듭니다. 그래서 하나님이 자신을 버린 것 같은 느낌을 갖습니다.**

그리스도인의 성적인 영역의 〈무너짐〉은, 유독 하나님과 관계의 단절을 피부에 와닿게 경험하게 됩니다. 왜 그럴까요? 이런 느낌적인 느낌이(?) 착각일까요? 아닙니다. 그것은 사실입니다. 적어도 그것은 진실입니다. 그리스도인이 오래도록 말씀을 보지 않고 기도를 하지 않아도 하나님과의 관계 〈단절〉을 느끼지 못한다 할지라도 성적인 영역으로 무너질 때 하나님과의 관계 단절을 느끼는 그 자연스러움은 사실일 수 있습니다.

어떻게 아냐고요? 구체적인 예로 삼손과 다윗을 보면 알 수 있고, 포괄적인 이유로는 구약과 신약에 이르기까지 하나님이 가장 미워했던 죄악 중의 한 가지가 〈음란〉이기 때문입니다. 적어도 이 영역에 있어서만큼은, 하나님이 "나는 이것이 싫다_"라고 정확하게 자기 발언을 하십니다.

다윗은 이스라엘의 용사이자 영웅으로서, 그 어떤 누구

도 그를 무너뜨릴 수 없었습니다. 사울과 골리앗도, 사막과 광야도, 배고픔과 초라함도 그를 무너뜨릴 수 없었습니다. 오히려 그것을 통과할수록 다윗은 더욱 강해지기만 했습니다. 그런 그를 무너뜨린 것은 바로 자신의 부도덕한 성의 문제였습니다. 시편 51편을 보고 있으면, 그의 괴로움을 볼 수 있습니다.

주의 구원의 즐거움을 **내게 회복시켜주시고**
자원하는 심령을 주사 **나를 붙드소서**
시편 51편 12절

다윗은 처음으로 하나님과의 절대적 단절을 경험합니다. 심지어 구원의 문제까지 자신할 수 없다는 것을 느끼게 됩니다. 그리고 그는 자신의 온 존재가 갈기갈기 찢어지는 아픔을 경험합니다. 실제로 그 사건을 다루고 있는 사무엘하 12장을 보게 되면, 나단의 책망에 다윗은 절망하며, 금식하며, 괴로워하는 것을 볼 수 있습니다. 시편 51편 다윗의 회개를 보면, 인간의 성의 영역과 하나님과의 관계가 얼마나 깊이 〈연결〉되어 있는지 볼 수 있습니다.

물론, 회복할 수 있습니다. 그러나 회복되기까지 얼마나 많은 눈물과 후회와 통곡과 회개를 해야 하는지, 그대는 계산할 수 없습니다. 그러니, 저자인 제가 어떤 관점에서는 극단적으로, 또 어떤 관점에서는 성급한 일반화의 오류같이 글을 쓰는 것은 맞는 일입니다.

본격적인 지침

1인 그리스도인의 성욕은 여러 가지 방면으로 할 이야기가 많습니다. 독자들은 어떤 기대감으로, 이 부분을 보고 있는지 모르겠습니다. 1인 그리스도인의 적절한 성욕의 해소 방법들이나 방향들을 기대했는지 모르겠습니다. 1인 그리스도인의 성욕을 인정하기에, 이해하고 그 영역에 길을 열어주는 글을 기대했는지도 모르겠습니다. **그러나 저는 이 책을 통해서, 1인 그리스도인의 성욕을 해소시킬 어떤 것도 알려줄 수 없습니다.** 그 이유는 제가 그것을 알지 못하기 때문입니다. 그리고 성경도 그것을 이야기하고 있지 않기 때문입니다. 제가 오히려 그대에게 말할 수 있는 것은, 1인 성욕이 부적절하게 들어오는 방향을 〈방어〉하는 방법입니다. 그것이 성욕을 해소하는 것보다 더 유익할 것입니다. 그 방어의 영역을 다음과 같이 정리하고 싶습니다.

첫째, 눈

둘째, 생각

셋째, 마음

성경에서 자신의 성욕을 적절하게 방어한 사람이 있습니다. 그는 〈욥〉입니다. 욥은 어떤 인물일까요? 그는 성경 66권에서 잘 쓰이지 않는 표현으로 묘사됩니다.

우스 땅에 욥이라 불리는 사람이 있었는데
그 사람은 **온전하고 정직하여**
하나님을 경외하며 악에서 떠난 자더라

욥기 1장 1절

성경은 그를 완전한 사람이라고 이야기합니다. 그래서 욥기를 보면 하나님과 사탄이 욥의 완전성과 경건성을 두고 시험하여 다툴 정도로, 그는 듬직한 사람입니다. 그런 그가 성욕에 있어서, 자신이 어떤 방법으로 〈승리〉했는지를 보여 줍니다.

내가 내 눈과 약속하였나니 어찌 처녀에게 주목하랴

욥기 31장 1절

만일 내 걸음이 길에서 떠났거나
내 마음이 내 눈을 따랐거나

내 손에 더러운 것이 묻었다면

욥기 31장 7절

만일 **내 마음이 여인에게 유혹되어**

이웃의 **문을 엿보아 문에서 숨어** 기다렸다면

욥기 31장 9절

그는 자신의 〈눈〉을 관리합니다. 아주 단순한 차원의 자기 관리로서 눈을 관리함으로 말미암아, 성적 부도덕함에 이르지 않게 되었음을 말하고 있습니다. 그리고 결국 그것이 자신의 마음을 지키게 되었고 자신의 행동까지 〈절제〉할 수 있었던 것입니다.

많은 그리스도인들은 〈마음〉의 영역을 귀중하게 생각합니다. 그래서 대부분 그리스도인의 신앙과 기도의 영역은 마음입니다. 싸움의 영역도 마음입니다. 회개의 영역도, 다짐과 소망의 영역도 마음입니다. 그래서 설교의 영역도 마음입니다. 그런데 정작 이 마음의 영역이 어떻게 탄생되었는지는 관심을 기울이지 않습니다. 그렇다면 인간의 마음은 어떻게 탄생하는 것일까요? 그것은 언제나 인간의 〈오감〉과 연결되어 있습니다. 인간의 시각, 청각, 후각, 촉각, 미각의 종합적 저장소가 바로 인간의 〈마음〉입니다. 그렇기에 인간은 무엇을 보고, 듣고, 먹고, 만지는지가 중요합니다. 무엇보다 그리스도인이라면, 더욱 그렇습니다.

그리스도인의 성적인 영역과 깊은 관련을 지어볼 때, 가장 중요한 감각기관이 바로 〈눈〉입니다. 그대가 지금 무엇을 보는지에 따라서, 그대의 마음에 무엇이 심기게 되는지 결정되는 것입니다. 그리고 그 마음에 있는 것은 반드시 행동하고 싶어 하는 운동 메커니즘을 가지게 됩니다. 즉, 다시 정리하면 눈 → 마음 → 행동 → 결과입니다. 이 단순한 메커니즘을 결코 가볍게 생각해서는 안 됩니다.

욥은 이런 비밀을 알았던 것일까요? 그는 "눈과 약속했다", "눈을 따라가지 않았다", "여인의 문을 엿보지 않았다"라고 정확하게 말합니다. 심지어 만약, 이 영역에 있어서 내가 범죄했다면, 하나님이 나에게 벌을 내리시는 것이 마땅하다고까지 합니다. 욥은 남자가 아닌 걸까요? 욥은 결혼해서 다른 여자에게 눈이 가지 않았던 것일까요? 결코 그렇지 않습니다. 자주 이야기했지만, 성욕은 남녀노소 모두에게 있는 것입니다. 그리고 결혼을 했다고 해도, 건전한 성욕 이외에, 부도덕한 성욕은 언제나 있습니다. 욥은 그것을 알았는지, 건장한 남자이며 결혼을 했지만 아주 부자연스러운 행동을 합니다. 바로 눈을 관리하는 것입니다. 자신의 눈으로 다른 여자를 보지 않고, 눈의 욕구대로 따라가지 않고, 그것을 〈스스로〉 〈약속〉한 것입니다.

저는 욥기의 이런 본문을 대할 때마다 감탄하지 않을

수 없는데, 그는 자기 자신을 정확하게 이해하고 있었습니다. 그는 자신의 눈의 소원을 좇아서, 수많은 것들을 보아도 그것이 결국 자신의 영혼에 큰 도움이 되지 않는다는 것을 알았던 것입니다. 그래서 그는 정말 바라보아야 할 것들을 집중력 있게 바라보았으며, 그 집중력으로 행동한 것입니다. 그리고 하나님이 그를 의인이라 칭하십니다.

의도적으로 보지 말아야 할 것들

그대의 눈은 무엇이든 볼 수 있는 자유가 있습니다. 그대의 생각은 무엇이든지 상상할 자유가 있습니다. 무엇보다 그리스도인은 은혜와 자유를 귀하게 생각하는 존재입니다. 그러나, 정확히 할 것이 있습니다. 그래도 모든 것이 허용되는 것은 아닙니다. 바울은 이런 역설을 자주 이야기합니다. 자유하나 종이 되었고, 후원을 받을 수 있으나 자급자족하였고, 사도로서 권리가 있으나 아무것도 아닌 사람처럼 행동했다고 합니다. 바울 자신은 모든 것을 할 수 있으며 이미 경험도 했지만, 그 모든 자유를 오직 하나님을 위해서만 사용한다고 자주 고백합니다.

그대의 자유도 마찬가지입니다. 그대의 자유는 세상의 자유와 다릅니다. 그대의 자유는 무엇인가를 더 하는 자유가 아니라 〈절제하는 자유〉요, 〈정리하는 자유〉요, 〈절단하는 자유〉입니다. **그대가 그리스도인으로서 1인이라면, 그대의 성욕을 고민하고 있다면, 그대의 눈을 관리해야 합니다. 보지 말아야 할 것들을 스스로 정리정돈해야 합니다.** 비단 남자에게만 해당하는 말이 아닙니다. 여자에게도 마찬가지입니다. 그러나 특별히 남자에게 더욱 확고하게 말하는 것은, 〈의도적〉으로 보지 말아야 할 항목을 적어서 자신의 눈과 약속하기를 바랍니다. 그래야 부도덕한 성적 마음의 탄생을 막을 수 있습니다.

《모든 남자들의 참을 수 없는 유혹》의 저자인 스티븐 아터번Stephen Arterburn과 프레드 스토커Fred Stoeker는 남자들이 보지 말아야 할 항목들을 이렇게 적습니다.•

1. 여성 란제리 광고
2. 꽉 끼는 짧은 반바지를 입고 조깅하는 여자
3. 거의 다 벗은 여자들이 등장하는 거리의 광고판
4. 반라의 여인이 빠지지 않는 술 광고
5. 성인영화
6. 노출이 심하거나 꽉 끼는 상의를 입은 접수원

•
스티븐 아터번, 프레드 스토커, 《모든 남자들의 참을 수 없는 유혹》, 서울:좋은씨앗(2003), p.197,198

그들은 자신들이 일상에서 마주치게 되는 이런 종류의 상황들을 의도적으로 보지 않는다고 합니다. 그 이유는 이것들이 결국 마음에 심겨 저녁마다 자위행위를 하기 때문입니다.* 또 친구와 직장에서 만나는 여성들, 길거리에 지나가는 여성들을 볼 때, 온전한 시각으로 보지 못하고 성적인 도구로 보기 때문입니다. 그들과 수많은 성관계를 상상한다고 합니다. 그렇기에 부도덕한 성적 상상력이 자신의 마음에 들어오는 것을 막기 위해서, 처음부터 의도적으로 자신의 눈을 정리정돈합니다. 욥의 표현대로 이야기하면 "눈과 맺은 언약"입니다. 저는 여기에 한국인의 정서에 맞는 몇 가지를 더 강력하게 권면하고 싶습니다.

1. 짧은 치마나 가슴이 드러난 옷을 입은 아이돌, 걸그룹
2. 자극적인 옷을 입은 여성 유튜버, BJ
3. 성인영화
4. 버스와 지하철 등에서 우연히 노출되는 여성의 몸

어디 이런 것뿐이겠습니까. 각자의 일상생활 속에서 더 많은 유혹들이 있을 것입니다. 그것이 어떤 의도가 있든 없든, 남자의 눈은 늘 은밀한 곳을 향하게 됩니다. 그렇기에, 그

*
같은 책, p.187

런 눈의 본능을 존중하는 것이 아니라 절제해야 합니다. 이것은 남자의 평생의 자기 관리이자 전투입니다. 이런 기초적인 부분부터 정확히 하지 않으면, 결혼을 해도 결국 많은 방황을 하게 됩니다. 그리스도인에게 결혼은 아주 분명한 방향이지만, 그 결혼이 모든 것에 정답을 주는 천국도 아닙니다. 어떤 결혼은 지옥이 되기도 합니다. 그 원인은 나와 결혼한 대상에 있는 것이 아니라, 눈을 지키지 못한 나의 〈무너짐〉 속에 있는 것입니다. 눈을 지키지 못해서, 결국 다른 것들을 보고, 나의 배우자와 비교하는 그 교만과 악함에 있는 것입니다.

저는 특별히 참 별로인 선입견, 진짜 이상한 편견을 가지고 자매들에게 한 가지를 권면하려고 합니다. 자매님이 아직 결혼을 하지 않았다면, 아이돌, 걸그룹을 좋아하는 형제와는 결혼을 하지 마십시오. 또 과도한 여성 유튜버, BJ를 좋아하는 형제와도 결혼하지 마십시오. 그 사람이 좋은 직장, 좋은 차, 좋은 외모와 매너를 가지고 있더라도 말입니다. 저는 선입견과 편견을 가지고 하는 이야기지만, 제가 수백 명의 청년들을 심방하면서 깨달은 점입니다. 이런 사람치고 성적으로 건강한 의식을 가지고 있는 사람은 없었습니다.

절대 하지 말아야 할 1인 그리스도인의 성욕의 영역

이제부터는 마지막으로 〈절대〉 하지 말아야 할 1인 그리스도인의 성욕 이야기를 해보려고 합니다. 그 영역은 야동, 자위행위, 성매매, 혼전 성관계입니다.

1_ 야동을 보지 말아야 하는 이유

야동이란 무엇일까요? 국어로는 야한 동영상 정도가 되겠지만, 전문용어로는 AV adult video라는 약칭이 있고 성인용 영화가 됩니다. 그러나 사실 전문명칭이 이렇지, 야동이란 표현에는 수많은 성행위 영상이 포함됩니다. 사회적으로 범죄에 해당하는 몰래카메라 영상까지 포함됩니다.

많은 사람들은 야동이라는 것을 보는 행위를, 어느 정도의 1인 성욕의 해소법으로 자주 제시합니다. 또 어떤 이는 당당하게, 야동이란 이런 성욕을 해소하기 위해서 존재하는 미디어일 뿐이라고 그 당위성을 제기하기도 합니다. 또 남녀의 성기가 나오지 않는 19금 성인영화는 괜찮다고 합니다. 그리고 일본의 AV는 공식적인 업체가 만든 영상이니 괜찮다고 합니다.

그러나 그대가 그리스도인이라면 야동을 결코 보아서는 안 됩니다. 그 이유는 매우 단순합니다. 그대가 이런 것들을 자주 보다보면, 매우 연약한 그대는 모든 이성을 대할 때 그들을 성적 도구로만 대하기 때문입니다. 온전한 남자와 여자와의 관계가 아닌, 성욕을 해소하는 관계로 인간관계를 이해하기 때문입니다. 또한 그대의 잠재의식과 아주 큰 관련이 있습니다. 야동에서 이루어지는 대부분의 성관계는 연출에 의한 것입니다. 그래서 엽기적이고, 도구적이고, 자극적이며, 변태적인 성향이 강합니다.

그러나 그대여, 성관계는 남자와 여자의 가장 아름다운 육체의 향연입니다. 그것은 〈인격적인 것〉, 〈아름다운 것〉입니다. 그대가 영상에서 이루어지는 성관계를, 성관계의 교과서로 이해할 때 수많은 비참한 일들이 이루어집니다. 무엇보다 그대가 가지고 있는 잘못된 성적 판타지는, 결국 그대와 그대의 배우자를 무너뜨리는 판타지가 됩니다.

또한 무엇보다도 야동을 보지 말아야 할 이유는, 이것이 간접적 형태의 성매매이기 때문입니다. 앞으로도 계속 집중적으로 논의될 이야기입니다. 그러나 간략하게 이야기를 하자면, 그대가 야동을 시청함으로써 또 다른 수요와 공급의 형태를 양성한다는 것입니다. 그대가 야동을 보기 때문에, 어떤 여성은 성적인 매매의 대상이 되는 것입니다. 그리고 그 대상은 자신의 인격과 성을 모두 파는 것입니다. 또한 그 야동의 수요와 공급으로 인해 청소년, 청년 그리고 어른들의 가정도 다 파괴되는 위험까지 가지고 있는 것입니다. 혹시 "나는 돈을 내기 때문에 괜찮다?"고 생각하시나요? 아니면 "야동의 배우들은 모두 돈을 받으니까 괜찮다?"고 생각하시나요? 이런 생각은 매우 악랄한 생각입니다. **그대가 돈을 주고 야동을 보기 때문에, 그 공급을 만들어내는 대상은 그대입니다. 이미 그 자체가 하나님 보시기에 악한 것이고 악랄한 것입니다.**

어떤 이는 더욱 이상한 논리를 가지고 있습니다. "저는 아이디도 없고, 돈을 내지도 않고 무료로(?) 보고 있습니다. 저는 그런 수요를 만들어내는 사람이 아닙니다." 그러나 사실 이런 논리만큼 공허하고 비열한 것이 없습니다. 하나님 앞에서 그런 말은 결코 통하지 않습니다. 그대가 몰래 다운받아서 보는 야동으로 인해, 오늘도 그 대상이 되는 수많은 사람들은 슬픔으로 살아가는 것입니다.

그리스도인인 그대여, 그대가 야동을 본다는 것은 누군가의 〈인격〉을 〈살인〉하는 것이기도 합니다. 생각해보십시오. 만약 그대의 나체, 그대의 소중한 성이, 인터넷에 떠돌아다닌다면 어떨까요? 행복하겠습니까? 당당하겠습니까? 아닙니다. 그것은 수치스러운 것이고 평생의 상처입니다. 그리고 그 영상을 봄으로써, 그 대상의 인격을 살인하는 것입니다. 우리는 다윗을 〈책망〉한 나단의 이야기에 귀 기울일 필요가 있습니다.

나단이 다윗에게 이르되 **당신이 그 사람이라**…

사무엘하 12장 7절

그대가 야동을 봄으로, 성욕은 한 번 해소될지 모르겠습니다. 그러나 수많은 사람들을 죽인 것입니다. 나단의 표현대로 "당신이 바로 그 사람"입니다. 그대가 그리스도인이라면, 그리스도인으로서 구원을 받았다면 타인을 간접적으로 살인하는 일을 결코 해서는 안 됩니다.

2_ 자위행위를 하지 말아야 하는 이유

논쟁이 더욱 뜨거워지겠습니다. 이번에는 우주 같은 문제인 자위행위입니다. 그렇다면 자위행위란 무엇일까요? 그것은 혼자서 성욕을 해소하기 위하여, 혹은 오르가슴을 느끼기 위하여 자신의 생식기를 성적으로 자극하는 행위입니다. 영어로 자위행위를 뜻하는 말은 고상한 표현으로는 마스터베이션masturbation이라고 합니다. 더 학구적인 표현으로 오나니즘onanism이라고도 하는데, 이건 책에나 나오는 말이지 현실에서는 거의 쓰이지 않습니다. 여하튼 자위행위는 끓어오르는 성적인 욕구를 스스로 해소하게 합니다.

사실, 기독교 진영 내에서도 자위행위에 대한 이런저런 의견이 나뉩니다. 자위행위를 긍정하는 입장에서는, 인간의 보편적인 욕구인 〈성〉의 문제를 특별한 것으로 보지 않습니다. 인간의 성욕을, 인간의 다른 욕구들과 동일하게 보는 것입니다. 그래서 식욕, 수면욕, 배변욕 등등 인간의 가장 기초적인 욕구들을 인간이 스스로 해결하듯, 성욕 역시 스스로 해결할 수 있는 방법인 자위행위는 당연한 것이라고 이야기 합니다. 그래서 기독교 안에서 자위행위를 긍정하는 입장은, 그리스도인들에게 더욱 적극적으로 자위행위를 권장하자고 합니다. 심지어 그리스도인이 가지는 무게감, 부담감, 윤리 의식의 벽을 낮추어주는 것이, 복음의 참된 의미라고 이야기 합니다. 무엇보다 청소년, 청년들에게 기독교식의 방법(?)으로 자위행위를 권면해야 한다고 주장하기까지 합니다.

물론 자위행위를 긍정하는 입정에서는 어느 정도 일리가 있는 말일 수 있습니다. **그러나 이런 이야기의 대부분의 논의는 자위행위를 〈생물학적인 관점〉에서만 접근한 결과입니다. 자위행위가 내포하는 진짜 의미가 어떤 것인지를 깊게 고려하지 않은 것입니다.** 그렇다면, 자위행위가 내포하는 큰 방향과 성격은 어떤 것일까요? 여러 가지를 말할 수 있지만, 쉽게 이야기해서 그것은 〈폭력성〉입니다. 그대는 또 그런 생각을 할 것입니다. "저자는 또 너무 편협한 시각을 가지고 있다"라고요. 그러나 자위행위를 하는 깊은 욕구를 보면, 그 안에는 사람을 살인할 만큼 큰 폭력성이 내포되어 있습니다.

자위행위는 인간의 성욕의 해소가 아닌, 〈쾌락의 해소〉일 경우가 대부분입니다. 그 쾌락을 해소하기 위해, 수많은 성적 판타지들을 만들어냅니다. 무엇보다 그 쾌락의 대상인 사람의 인격을 고려하지 않고, 강제적으로 상상합니다. 그러나 그 자체가 죄악입니다. 그런 공상 속에서 타인의 성은 언제나 도구화될 뿐입니다. 단순히 젊은 남자가 선정적인 잡지나, 성인영화, 자극적인 춤을 보고 상상하는 것을 의미하는 것이 아닙니다. 일상생활에서 마주하는 이성들과의 관계에서, 그 대상과 관련시켜 상상하는 경우입니다. 이때 남자는 단지 그 자신의 개인적인 쾌락의 수단으로써 섹스를 사용합니다. 그때 가지는 폭력성은 타인을 살인하게 됩니다. 그리고 이것이 자위행위가 가지는 내포적인 의미입니다. 물론 이것은 건장한 남자만의(?) 이야기는 아닙니다. 자위행위는 여자, 아이, 청소년, 노인에 이르기까지 모두에게 해당되는 이야기입니다. 우리에게 아주 가까운 이야기입니다.

그렇기에 기독교 안에서 자위행위를 긍정하는 사람들은, 식욕같이, 수면욕같이, 배변욕같이 이해하자고 합니다. 자위행위는 성욕을 가지고 있는 인간이라면, 자연스러운 것이라고 말입니다. 그러나 여기서 중요한 것이 있습니다. 그것은 식욕 역시 정도를 벗어나 과식을 하게 되면 죄악이 됩니다. 수면욕 역시 정도를 벗어나 무절제하게 잠을 자게 되면 죄악이 됩니다. 성욕도 마찬가지입니다. 정도를 벗어나면, 그것이 가장 인간다운 욕구일지라도 〈죄악〉이 되는 것입니다. 기독교 성 윤리학의 거장인 마일스Herbert J. Miles는 기독교 안에서 허용되는 자위행위를 이렇게 설명합니다.

"만약 자위행위가 결혼 전에 정욕을 피하기 위한 자제의 제한

적이며 임시변통의 계획으로 행해진다면 그것은 죄가 아닐 수 있다. 자위행위가 자신의 정욕을 채우는 습관이 되지 않는 한 그것이 반드시 음란하다고만은 볼 수 없다. 그 동기가 정욕이 아니라, 그 자체일 때 자위행위는 비도덕적인 행위가 아닐 수도 있다. 아무것도 상상하지 않고, 성욕을 배설하기 위해서만 한다면 인정할 수 있다. **그러나 나는 태어나서 그런 자위행위를 하는 그리스도인을 본 적이 없다.**"

만약, 자위행위가 자신의 성욕을 배설하기 위한 수단으로만 사용된다면, 백 번을 양보해서 허용할 수도 있겠지요. 그러나 그런 자위행위는 존재한다고 해도, 순간적일 뿐입니다. 자위행위는 곧바로 누군가를 상상하며 폭력적으로, 일방적으로, 비인격적으로, 성관계를 도구화할 뿐입니다.

뿐만 아니라, 자위행위를 하면 "성욕이 해소된다"는 것도 어느 정도 미리 설정된 의제설정이론 입니다. 오히려 인간 발달심리학이나, 최근 연구되고 있는 인간의 성욕에 대한 연구는 다르게 이야기합니다. 인간이 자위행위를 할수록 성욕은 더욱 커지게 된다는 것을 말합니다. 무엇보다 인간의

홍병호, 《결혼과 부부》, 서울:교재닷컴(2014), p.135-147

신문이나 방송과 같은 대중매체가 대중들의 의제설정에 기여하고 있다는 이론이다. 매스미디어에서 말하는 의제설정 기능은 미디어가 뉴스, 시사 프로그램을 통해 중요하다고 보도하는 주제(미디어 의제)가 대중에게 중요한 주제(공중의제)가 되는 경우를 나타낸다.

성적 무의식과 상상력이, 개인의 성적 욕구와 결합될 때 그것은 더욱 큰 욕구를 가져오게 될 뿐입니다.* 그렇기에 그대여, 자위행위가 그대의 성욕을 해소할 수 있는 유일한 길이라고 생각하지 마시기 바랍니다. 그것은 "죄가 역사하는 방식의 속임과 광기일 뿐"입니다. 그대의 차오르는 성욕을 해결할 수 있는 좋은 길은, 앞서 적었습니다.

3_ 혼전 성관계를 하지 말아야 하는 이유

이제 마지막 단계를 논해봅시다. 그대가 그리스도인이라면 혼전 성관계를 결코 해서는 안 됩니다. 이 글을 읽으면서 의아해할 수도 있습니다. 이 책은 1인 감정사용법인데, 무슨 혼전 성관계를 말하는 건가요? 그러나 1인 감정사용법이기에, 이런 부분을 더욱 확고하게 할 필요가 있습니다. 그 이유는 오히려 혼자이기에 기회를 만들어, 자신의 성을 마음대로 사용할 수 있기 때문입니다. 또 작은 기회가 올 때, 마음이 약해져서 누군가에게 쉽게 자신의 성을 내어줄 수도 있기 때문입니다. 1인 감정은 그만큼 쉽게 흔들리는 법입니다. 혼자로서 인간은 결코 강력한 존재가 아닙니다.

혼전 성관계를 〈기회〉로 말하는 사람들이 있습니다. 그들이 생각하는 기회라는 의미는 다양합니다. 지금 시시비비

*
로빈 베이커, 《정자전쟁》, 서울:이학사(2007), p.36-45

를 따지며, 그 기회의 의미를 논하고 싶지는 않습니다. 그러나 확실하게 한 가지는 말하고 싶습니다. 혼전 성관계는 범죄이며, 결국 남는 것은 〈후회〉밖에 없다는 것입니다. 자주 강조하지만 〈성〉을 이해할 때, 이 세상이 이해하는 방식과 기독교가 이해하는 방식은 극명하게 다릅니다. 이 세상이 이해하는 방식은 〈비인격적인〉 이해들입니다. 그래서 성을 활용하는 단어들을 주저 없이 사용합니다. 원나잇, 엔조이, 세컨드, 조건만남 등등입니다. 그리고 차마 글로 적을 수 없는 수많은 외설적인 단어들이 있습니다. 그러나 **기독교가 말하는 성은 〈인격적인〉 이해입니다. 그것은 가장 아름다운 남녀의 교감입니다. 그렇기에 소중한 것이고, 어느 누구와도 나눌 수 없는 것입니다.** 심지어 이런 아름다운 교감으로 아가서를 썼습니다. 하나님과 이스라엘 백성의 관계, 예수와 교회의 관계를요.

그렇기에 결코 잊지 말아야 할 사실이 있습니다. 그것은 성은 다이너마이트라는 것입니다. **성이 높은 인격에 의해 여과되지 않으면 혼돈과 파멸을 가져오게 됩니다. 성은 관계성을 가장 견고하게 하는 수단이 될 수도 있으며, 관계성을 파괴하는 수단이 될 수도 있습니다. 따라서 성은 〈억제〉될 필요가 있습니다.** 성과 같이 강력한 것이 억제될 필요가 있음은 두말할 나위가 없습니다. 하나님께서는 성의 선하고 커다란 힘을 관리하고 통제하는 수단으로 결혼을 제정하셨습니다. 유일하며 변치 않은 인간관계 속에서 남자와 여자가 결합하는 결혼은 성의 힘을 통제하기 위해 하나님께서 정하신 통로입니다. 이것을 벗어난 혼전 성관계는 어떤 로맨틱한 양념을 가지고 있어도, 그것을 먹으면 반드시 탈이 나기 마련입니다. 결혼은 소명이고 성은 은사라는 사실은 아무리 강조해도 부족합니다. 성은 하나님께서 주신 선물이기에, 반드시 하나님의 의도에 따라서 사용되어야 합니다.

오늘날 결혼 전의 성관계가 진정한 의미에서 범죄인 이유는, 나중에 그 대상과 결혼할 사람에 대해 상당히 미안한 일을 하는 것이기 때문입니다. 또한 수많은 성병과 질병을 유발하게 됩니다. 결혼을 통과하지 않은 성은, 결코 그 대상을 소중하게 다루지 않습니다. 쾌락의 수단과 욕망의 먹이로 전락한 성과 성관계는, 이기적이며 일방적일 뿐입니다. 폭력적이며 〈불결〉할 뿐입니다. 그래서 결국 나는 파괴되는 것입니다. 만약 결혼 전 성관계로 인해 생긴 성병과 질병으로 인해서, 정말 소중한 나의 성기능을 잃어버리게 된다면 그것만큼 억울한 것이 없습니다. 잊지 마십시오. 상대방은 결코 나를 〈책임〉지지 않습니다. 그리고 또한 잊지 마십시오. 그것은 나중에 결혼할 나의 배우자에게 상당히 미안할 일을 하는 것입니다. 무엇보다 사생아가 나온다면, 그것은 정말 감당할 수 없습니다. 결혼 전 성관계는 순간의 만족을 줄 수 있지만, 그 관계가 깊어질수록 또 다른 구속과 우울감을 불러일으킵니다. 그것은 헤어나기 힘든 늪과 같은 것입니다.

만약 이 글을 읽는 사람들 중에, 결혼 전 성관계로 인해 문제가 생긴 주인공이 있다면 저의 글에 마음을 다해 공감하실 것입니다. 또한 그대의 주변에, 결혼 전 성관계로 인해 어려움을 겪은 사람들의 이야기를 들어보십시오. 그 눈물 젖은 이야기를 들을 때, 어설프게 가지고 있는 그대의 결혼 전 성관계에 관한 지식은 모두 사라질 것입니다. 그것은 타인에게 잊을 수 없는 아픔을 주는 행위일 뿐입니다.

다시, 결혼을 꿈꿉시다

저는 알고 있습니다. 1인 그리스도인으로서, 〈성욕〉으로 인해 그대가 매우 힘든 감정을 가지고 있다는 것을 말입니다. 매우 고독한 싸움을 하고 있다는 것을 알고 있습니다. 저도 알고 있는데, 우리 하나님이 모르실 리 없습니다. 하나님은 섬세하신 분입니다. 또한 실수하지 않으시는 분입니다.

그렇다면 결혼을 꿈꿉시다. 아니, 다시 결혼을 꿈꿉시다. 성욕을 해결하기 위해서 결혼을 생각하는 것은, 가장 기독교적인 것이라고 했습니다. 그대가 어떤 사연이 있어서 지금까지 혼자인지 모르겠습니다. 그대가 어떤 외모로, 어떤 내면으로, 어떤 환경으로 고민하는지 모르겠습니다. 그러나 그대의 어떤 지점 때문에 결혼을 하지 못했다고는 생각하지 맙시다. 아직 하나님의 섭리가 있는 것입니다. 적어도 그대는 결혼이라는 것이 나의 힘으로 될 수 없다는 것을 사실에 가깝게 경험한 1인입니다. 그렇다면, 이제는 하나님의 도우심을 더욱더 간구합시다. 그대가 지금까지 그런 기도를 했다면, 그것은 정말 잘한 일이라고 하고 싶습니다.

6장

다시, 사랑

가급적 이 부분을 짧고 담백하게 쓰려고 합니다. 물론 가능할지 모르겠지만, 이 글을 쓰기 위해 준비하는 저의 마음은 일단 그렇습니다. 그 이유는 이번 꼭지에 있는 글을 읽으면서 당신이 얼마나 두렵고 소심하고 떨릴지 생각하기 때문입니다.

상처

이 글을 읽는 그대의 얼굴을 모르겠습니다. 당연한 이야기지만 성격도 나이도 직업도 학력도 모르겠습니다. 뭐, 사실 그런 것은 우리에게 중요한 것이 아닙니다. 그러나 적어도 이 책을 읽는다면, 우리는 한 가지 공통점이 있습니다. 또 〈교회〉 타령이냐고요? 아닙니다. 우리의 또 다른 공통점은 〈상처〉입니다. 인간은 살아가면서 수많은 상처를 받기도 하고 주기도 하지만, 특별히 이 책을 읽는 사람이라면 〈사랑〉에 관한 상처를 가지고 있는 사람일 것입니다. 그래서 타인과는 더불어 살 수 없는, 1인 감정을 더욱 고스란히 가지고 있는지 모르겠습니다. 아무도 누구도 그대의 감정에 들어올 수 없게 말입니다.

그대의 상처는 어떤 종류인가요? 그대의 상처는 어떤 깊이인가요? 사실 인간의 상처를 논한다 혹은 치료한다는 자체가 오만한 주제일 수 있습니다. 예수님조차 감히 그것이 자신 없어서, "나도 너를 정죄하지 아니하노니…"(요 8:11) 정도로 대답하셨으니까요. 한 사람의 상처는 그만큼 수많은 상황과 감정과 특수성을 고려해서 천천히 이야기할 수 있는 부분입니다. 어떤 가르침들은 상처를 극복할 수 있다고 자신 있게 이야기합니다. 그래서 어린 시절부터 아픔이 있는 그 순간까지 솎아내보지만, 결국 더욱 어두운 그림자만 드러날 뿐입니다.

상처라는 주제로 강의하는 강사는 어떤지 모르겠지만, 적어도 저에겐 그랬습니다. 그 이유는, 개인의 상처는 상품이나 물건도 아니고 지극히 〈개인적인〉 영역의 것이기 때문입니다. 나의 상처는 남들은 도저히 이해할 수 없는 것들입니다. 그리고 무엇보다, 강의하는 강사처럼 상황을 객관화해서 판단할 만큼 모든 사람이 그렇게 유리한 입장에 있는 것이 아니기 때문입니다. **그래서 이 나이 먹고 이 세월 동안 신앙생활을 하며 이제 와서 보니, 〈상처는 극복할 수 없는 것〉이**

었습니다. 적어도 저에겐 그랬습니다. 그 상처의 종류가 일이든, 사람이든, 소소한 말이든, 웃음이든 말입니다. 평생 그것을 안고 살아가야 하는 것들이었습니다.

이런 인간의 상처 중 가장 깊은 자국이 새겨지는 것이 있습니다. 평생 지우려고 노력을 해도 잊혀지지 않고, 평생 잊으려고 노력해도 지워지지 않는 것이 있습니다. 바로 〈사랑〉입니다. 때로 지나간 사랑은 추억이 되기도 하지만, 때로 지나간 사랑은, 자신을 죽일 만큼의 〈아픔〉이 되기도 합니다. **그리고 그런 아픔이 큰 사람은 결국 오늘의 오늘을, 앞으로의 오늘로 보지 못하는 장님이 되게 됩니다. 오늘의 오늘을, 과거의 오늘로만 보는 맹인이 되는 것입니다.** 어쩌면 이런 장님과 맹인으로 오늘의 오늘을 마주하는 사람이, 상처 많은 우리가 아닌지 모르겠습니다. 우리의 지나간 사랑이 아닌지 모르겠습니다.

상처에 대한 두 가지 반응

보통 사랑을 하다가 상처를 받으면, 두 가지 반응을 보이게 됩니다. 이것에 대해서 적절한 단어를 찾으면 좋은데 그렇지 못해서 아쉽습니다. 그래서 느낌적인 느낌으로, 표현해봅니다. 첫 번째는 완전히 〈망연자실〉하는 것입니다. 사랑이 실패한 모든 이유를 오직 자신에게로 돌리는 것입니다. 자신이 못생겨서, 자신이 능력이 없어서, 자신이 못나서 사랑이 실패했다고 생각합니다. 그런 사랑의 실패로 인해 생기는 상처, 역시 모두 받아들입니다. 그리고 그다음 사랑에도 동일할 것이라고 생각하며 평생 상처를 안고 살아가는 것입니다.

두 번째 반응도 있습니다. 그것은 〈복수〉의 감정입니다. 이것을 가장 잘 표현한 노래가 있습니다. 가수 에일리의 '보여줄게'에 잘 나타나 있습니다.

내가 사준 옷을 걸치고 내가 사준 향술 뿌리고
지금쯤 넌 그녈 만나 또 웃고 있겠지
그렇게 좋았던 거니, 날 버리고 떠날 만큼
얼마나 더 어떻게 더 잘 해야 한 거니
너를 아무리 지울래도 함께한 날이 얼마인데

지난 시간이 억울해서 자꾸 눈물이 흐르지만
보여줄게 완전히 달라진 나, 보여줄게 훨씬 더 예뻐진 나
더 멋진 남잘 만나, 꼭 보여줄게 너보다 행복한 나

산뜻하게 머릴 바꾸고, 정성 들여 화장도 하고,
하이힐에 짧은 치마, 모두 날 돌아봐

우연히라도 널 만나면, 눈이 부시게 웃어주며,
놀란 니 모습 뒤로 한 채, 또각또각 걸어가려 해

너보다 행복한 나 니가 줬던 반질 버리고
니가 썼던 편질 지우고 보여줄게 완전히 달라진 나

이것은 섬뜩할 정도로 무서운 가사입니다. 사랑의 상처와 실패를 모두, 상대 탓을 하는 것입니다. 그리고 이내 자신은 복수의 감정으로 돌변합니다. 그전보다 더 예뻐지고 더 완벽해져서 상대 앞에 다시 당당하게 나타나려고 하는 것입니다. 사랑에 실패한 것이 너무 화가 나면 이럴 수 있습니다. 그리고 이것보다 더한 짓을 할 수도 있습니다. 물론, 이런 준비로 상대에게 정말 멋진(?) 복수를 할 수도 있겠죠. 그러나 이런 자세는 건강한 자세가 아닙니다. 실제로 그 모든 것이 성공하더라도, 더 행복해지거나 유쾌해지지는 않을 것입니다. 그 상처 역시 극복되지 않을 것입니다.

다른 것을 바라보아라

궁극적으로 단순한 결론을 다시 한 번 더 이야기합니다. 일상적인 상처도 그렇지만, 사랑을 하다가 받은 상처는 잘 극복되지 않습니다. 아마 평생을 그대로 가지고 살아야 할 것입니다. 또 한 번 강조하지만, 제가 이 나이 먹고 이 세월 동안 신앙생활을 해보니, 이제는 상처라는 것에 대해서 다른 생각을 갖게 되었습니다. 제가 가진 다른 생각은 저 개인의 경험도 그렇지만, 제가 늘 가까이하는 성경도 비슷하게 말하는 것 같습니다. 그것은 두 가지입니다.

첫 번째, "극복할 수 없으니 극복하지 말자"라는 것입니다. 결국 상처라는 것이 어려운 것은, 비슷한 순간이 오거나, 결정적인 순간에 그것들이 다시 되살아나서 나를 괴롭힌다는 데 있습니다. 그것이 괴물로 자라나서 나를 삼켜버립니다. 그러나 그대여, 피하지 마십시오. 이 말이 조금 잔인하겠지만, 상처는 피하면 피할수록 더욱더 커져버립니다. 도망치면 도망칠수록 더 빠르게 내 앞과 뒤에 있는 것입니다. 저는 상처가 주는 그 망상과 그 감정과 그 아픔과 그 열등감 그리고 그 불편함을 있는 그대로 〈직면〉하라고 이야기하고 싶습니다. 그리고 그렇게 부딪쳐보면, 사실 별것 아닙니다. 상처는 대부분 형상이 없는 망상이니까요.

괴로운 기억이 있나요? 불편한 사람이 있나요? 불편한 관계가 있나요? 혹은 불안한 어떤 것이 있습니까? 그것을 그대로 용기를 가지고 직면하십시오. 가끔씩 살면서 문득문득 그대가 받은 상처가 떠오릅니까? 너무 지우려고 하지 말고 〈있는 그대로〉 받아들이십시오. 그대는 상처를 받은 사람입니다. 그것은 평생 떨칠 수 없는 수치일 수도 있습니다. 누군가에겐 지울 수 없는 수술 자국 같은 것이 되기도 하겠지요. 그러면 어떻게 해야 할까요?

두 번째, "다른 것을 바라보라"입니다. 너무 싱겁나요? 조금 이상한 말 같지만, 이것이 진리에 가까운 사실입니다. 그대가 가지고 있는 상처의 그 기억들을 억지로 떨치거나 버리지는 마십시오. 그렇다고 평생 곱게 키우라는 소리는 아닙니다. 단지, 그대로 다른 것들을 바라보라고 이야기하고 싶습니다.

그대가 살아가는 이 세상은 참으로 넓고 다양합니다. 시간만 생각해도 동일합니다. 우리는 24시간을 알고 있지만, 24시간에 모든 물리적 의미를 담아 살아가는 사람은 없습니다. 오전과 오후가 12시간을 정점으로 분리되는 것은 하나님의 은혜입니다. 보통의 사람은 하루의 '12시간' 동안에 만나게 되는 일과 관계를 처리하는 데도 숨 막힐 정도로 힘들어합니다. 그리고 하루의 남은 '12시간'은 무의식 같은 의식으로, 쉼과 잠으로 보내는 것입니다. 하루의 의미만 생각해보더라도 인간은 온전하거나 완벽하지 못합니다. 하물며 내가 가진 경험은 더없이 작은 것입니다.

세상은 넓습니다. 사람은 많습니다. 일은 더 많습니다. 관계는 더더욱 많습니다. 이 사실을 절대로 잊으면 안 됩니다. 그대가 다른 것을 바라보고 새롭게 시작할 수 있는 것은 여전히 너무나 많습니다. 그대의 상처가, 그대의 평생을 결정하게 만들기에는, 이 세상에 너무나 다양한 관계와 기회와 사랑이 있습니다. 그대여, 작아지지 마십시오.

제가 참 좋아하는 책 중《리스본행 야간열차》라는 책이 있습니다. 지금 그 책의 모든 내용을 다 설명할 수는 없지만, 그 책의 가장 핵심 되는 문장을 소개해주고 싶군요. **"우리가 우리 안에 있는 것들 가운데, 아주 작은 부분만 경험할 수 있다면, 나머지는 어떻게 되는 건가?"** 평생을 〈한 방향〉으로 인생을 살아온 주인공이, 인생을 〈다른 방향〉으로 고민해보며 리스본행 야간열차를 타면서 한 말입니다.

생각해보니, 이 세상은 아주 크다는 것입니다. 그대가 살아온 인생은, 이 세상의 아주 작은 경험일 뿐입니다. 다시 시작할 수 있는 길은 얼마든지 있습니다.

망각의 은혜

그리고 그대의 상처에 대해서 또 아주 중요한 이야기를 한 가지 더 하고 싶습니다. 그대는 지금 평생에 잊을 수 없을 것 같은 상처 속에 있습니까? 그러나 한 가지는 기억합시다. 그대여, 〈시간〉을 믿으십시오. 시간은 반드시 그대의 상처를 치료해줄 다양한 치료제를 줄 것입니다. 그것이 사람이든, 일이든, 가족이든, 교회든 말입니다. 시간으로 역사하시는 하나님을 믿으십시오. **그 모든 영역 속에서 하나님이 시간으로 치료해주시는 가장 확실한 방법은 〈망각〉입니다. 하나님은 인간의 뇌를 기억의 저장 창고로 만드시되, 망각의 창고로도 만드셨습니다. 이것이 엄청난 은혜입니다.**

지금까지 그대가 겪은 최악의 상처는, 결국 그대에게 주어진 시간을 먹으며 치유될 것입니다. 그리고 점점 망각할 것입니다. 가장 선명하던 것들이 흐릿해지고 뿌예지고 어슴푸레해질 것입니다. 결국, 얼굴도, 이름도, 사건도 잘 기억나지 않을 것입니다. 만약 이럴 수만 있다면 이것은 너무나 감사한 하나님의 은혜입니다. 결국 또다시 시작할 수 있는 기회가 되기 때문입니다. 상처받은 인간이 망각할 수 있다는 것은 크나큰 하나님의 은혜입니다.

그렇다면 망각할 수 있는 가장 좋은 방법은 무엇일까요? 그것은 이 세상을 조금 더 열린 시각으로 바라보는 것입니다. 무엇보다 "나에게 다가오는 낯선 것들을 친절하게 받아들이는 것"입니다. 그것이 시간이든, 일이든, 사람이든 말입니다. 나의 가슴과 머리를 조금 더 열어둘 때, 우리는 우리의 아픔을 망각하기 쉽습니다. 물론, 또 떠오르기도 하겠지만, 도망가지 맙시다.

다시 원점으로

다시 원점으로 돌아옵시다. 결국 그대가 두려워하기도 하고 궁극적으로 꿈꾸기도 하는 것은 무엇인가요? 뭐 여러 가지가 있을 것입니다. 그러나 이 장에서만 집중해서 그 의미를 발현한다면, 〈사랑〉 아닐까요? 그리고 그 사랑이 꽃피게 되는 〈결혼〉 아닌가요?

오랜 시간 혼자 지낸 사람이 있거나, 더 오랜 시간 1인 감정에 익숙한 사람은 사랑과 결혼은 나에게 해당되는 이야기가 아니라고 생각할지 모르겠습니다. 혹은 왠지 모르게 이런 단어에 알레르기 반응을 보이는 사람도 있을 것입니다. 때로는 가여운 마음이 드는 사람도 있습니다. 사실 누구보다 사랑하고 싶고 결혼하고 싶지만, 타인의 시선과 그동안 자신이 해온 말 때문에 사랑과 결혼을 자의적으로 〈거부〉하는 사람도 있을 것입니다. 소위 말하는 센 척(?)입니다.

그러나 지금 이 시간은 다시 원점으로 돌아옵시다. 그 모든 것을 잠시 내려놓고 다시 원점으로 돌아옵시다. **이 처음 지점에서 〈다시, 시작〉하는 것이 중요합니다. 그대가 사랑하기 원한다면, 그래서 그대가 결혼하기 원한다면, 이 세상을 넓게 보면 됩니다. 단지 그것뿐입니다.** 그대가 연습해야 할 것은, 매일이 똑같은 일상 속에서 더 넓은 세상과 〈소통〉하는 법을 키우는 것입니다. 그것도 아주 적극적으로 말입니다.

이쯤 되면, 언제나 그대 안에 해묵은 관성이 있을 수 있습니다. 일명 '백설공주 신드롬'이라고 불리는 것인데요. 어느 날 갑자기 백마 탄 왕자가 자신 앞에 나타나서 자신을 온전히 사랑만 해줄 것 같은…. 그러나 확실하게 말합니다. 만약, 그대가 버려야 할 세계관이 있다면 이런 〈기다림〉입니다. 이런 좁아터진 세계관과 시력 그리고 세상 읽기로는 발전적인 모습으로 살아갈 수가 없습니다. 지금까지의 방식으로 살아온 정방향이 아무 열매가 없었다면, 이제는 방향을 바꾸어야 합니다. 사랑하고 싶다면, 그래서 결혼하고 싶다면 더 넓어져야 합니다.

넓어지는 방법

그대는 이제 궁금해할 것입니다. 그 넓어지는 방법에 관해서 말입니다. 지금껏 내가 경험한 세상과 경험해보지 못한 세상으로 걸어가는 방법의 넓어짐이 궁금할 것입니다. 그 방법은 두 가지가 있습니다. **첫 번째, 〈적극적〉으로 〈살아가기〉입니다. 두 번째, 〈기도하기〉입니다.**

나이가 들면 들수록 참 움직이지 않습니다. 〈도전〉을 불편해합니다. 무엇보다 적극적으로 살아가는 삶을 회피합니다. 자신을 꾸미는 영역에서도 마찬가지입니다. 익숙한 화장, 익숙한 머리 스타일, 항상 비슷한 옷차림, 더 비슷한 스타

일들입니다. 이것은 남자에게도 여자에게도 동일하게 일어나는 현상입니다. 그러나 그대여, 생각해봅시다. 변화가 없이는, 아무런 변화가 없는 법입니다.

그대가 적당한 사회생활을 하는 사람이라면, 그대의 〈변화〉를 위해서 적극적으로 투자하는 것을 아까워하지 않기를 바랍니다. 이 말이 어떤 의미에서는 과소비를 하라는 소리처럼 들리기도 하겠지만, 꼭 그런 말은 아닙니다. 변화를 위해서는 〈과감〉하라는 의미로 받아들이길 바랍니다.

우리에게는 참으로 이상한 편견과 오해의 제자리걸음이 있습니다. 그것은 그리스도인으로서 화장에 신경쓰거나 옷과 가방, 신발, 시계, 액세서리 등 외모에 투자를 하면, 그것을 〈신앙 없음〉이라고 단정 짓는 것입니다. 대부분의(?) 목회자들도, 성경의 요구를 이분법적으로 적용해서 신앙에 집중하고 외모에는 집중하지 않는 것이 하나님의 뜻인 것처럼 이야기합니다. 외모에 집중하는 사람을 세상 사람처럼 말하기도 합니다. 마치 그것이 신자와 불신자를 구분하는 심볼마크symbol mark나 되는 것처럼 말입니다. 그러면서 예수와 바울이 단벌 신사(?)였음을 강조합니다. 그러나 저는 그런 목회자들에게 이렇게 반문하고 싶습니다.

"외모를 꾸미지 않음으로 신앙이 자라나는 것이라면,
목사님은 왜 옷을 입나요?"

사실 이런 접근처럼 비성경적인 것이 없습니다. 우리가 에덴동산을 동경한다고, 아담과 하와처럼 벌거벗고 다닐 수는 없습니다. 그런 행위의 복사가 에덴을 경험하게 하는 것은 아닙니다. 같은 의미로 신약의 사람들, 혹은 구약의 사람들의 문화적 기준으로 오늘을 판단하는 것은 상당한 무리수입니다. 성경은 시대를 뛰어넘는 진리이지만, 성경이 말하는 진리는 이미 시대의 옷을 입고 있습니다.

그렇기에 저는 오늘날 그리스도인들은 자신의 외모를 아름답고 탁월하게 꾸미는 것이 더 시대에 맞는 그리스도인의 행동 규범이라고 생각합니다. 구약과 신약의 시대에는 모두가 씻지 않아도, 옷이 허름해도, 음식을 더럽게 먹어도(?) 흉을 보지는 않았을 것입니다. 그러나 오늘날은 다릅니다. 신앙을 깊게 추구하는 사람들이 씻지도 않고, 옷을 허름하게 입으며, 음식을 더럽게 먹는다면, 자신이 추구하는 신앙의 진수도 표현되지 않는 것입니다. 하물며 1인 감정으로 살아가는 그리스도인이 자신을 꾸미지 않는다면, 그것은 희망이 없는 것입니다. 다른 세상을 살기 원하고 다른 세상의 사람들을 만나기 위해 〈준비〉되고 싶다면, 그 첫걸음은 적극적으로 자신을 꾸미는 일입니다.

하나님은 우리에게 한 가지 얼굴을 주셨지만, 또 하나님은 우리에게 수백 가지의 화장법을 주셨다는 사실을 잊지 마십시오. 또한 하나님은 수천 가지의 옷을 주셨다는 사실도 잊

지 마십시오. 그대가 적극적으로 자신을 사랑한다면, 자신을 변화시킬 방법은 그 수를 셀 수 없을 정도로 다양합니다. 적극적인 의미로 여기가 첫걸음입니다. 그대는 조금 더 그대를 아끼고 가꾸어야 합니다.

대부분 그리스도인들은 연애에 실패하거나 결혼에 실패하면 이런 생각을 합니다. 아직 하나님의 때가 이르지 않았거나, 아직 좋은 상대가 나타나지 않았다는 생각입니다. 그리고 연애와 결혼의 실패에 관한 더 많은 생각을 하는데, 그 모든 방향을 하나님 탓을 하거나, 상대방을 탓하는 것입니다. 그런데 이런 접근은 대부분 잘못된 것입니다. 왜냐면, 가장 정확한 의미에서 대부분 모든 실패의 원인은 〈나의 어떠함〉 때문입니다. 아픈 이야기지만, 그대가 조금 더 착하고, 조금 더 멋지고, 조금 더 따듯하고, 조금 더 아름다웠다면, 연애와 결혼의 실패는 없었겠죠. **상대가 변했든, 그대가 변했든, 어찌되었든 연애와 결혼이 실패한 이유는 서로가 싫어진 것입니다. 싫어지는 이유는, 언제나 정확한 이유가 있는 것이죠.**

연애와 결혼의 영역뿐 아니라, 결혼을 하고 이후에 가정생활과 사회생활을 하더라도 그리스도인은 조금 더 멋있어야 합니다. 조금 더 예뻐야 합니다. 그 이유는 바울의 이야기처럼 우리는 모든 사람들 앞에서 그리스도의 향기이기 때문입니다.

우리는 구원받는 자들에게나 망하는 자들에게나

하나님 앞에서 **그리스도의 향기니**

고린도후서 2장 15절

그리스도인은 모든 영역에서 공인으로서의 인식을 가져야 합니다. 그 공적 의식은 사회가 요구하는 인품과 매너 그리고 외모까지 포함되어 있습니다. 이 모든 것을 갖춘 상태에서, 〈복음〉의 옷을 입는 것입니다. 그럴 때 복음은 더욱 큰 효력이 있습니다. 그리고 그런 자아상과 외모를 가진 사람을, 우리 모두는 좋아합니다. 그대가 이런 사람이 되길 원한다면 얼마든지 될 수 있습니다.

여하튼, 그대가 새로운 세상을 경험하기 원한다면, 매일이 같은 일상일지라도 적극적으로 자신을 〈변화〉시켜야 합니다. 더 꾸며야 합니다. 살을 빼야 합니다. 운동을 해야 합니다. **자신의 깊은 가능성과 아름다움을 알아봐줄 사람은 자기밖에 없습니다. 그렇기에 그것을 표현하는 것은 온전히 자신의 몫인 것입니다. 그렇게 자신의 몫을 다할 때, 조금 더 다른 세상을 경험할 수 있을 것입니다.**

적극적으로 살아가기의 두 번째 의미는 〈관계〉입니다. 사실 인간관계라는 것은 모두가 협소합니다. 많은 인간관계를 가지고 있더라도 대부분 도구적 관계이거나, 기능적 사회관계일 뿐입니다. 나의 모든 모습을 나누고 이야기해줄 수 있는 관계는, 늘 10명 이하입니다. 아마 대통령도 그럴 것입니다. 지금까지 내가 소속되어 있는 관계를 더 늘릴 수는 없습니다. 그것은 더 피곤해지는 일입니다. 그렇다면 적극적으로 살아가기의 두 번째 의미로서의 관계란 무엇일까요?

그것은 "완전히 새로운 만남을 준비하는 것"입니다. 특별히 연애와 결혼의 영역에서 내 주변의 관계에서 시작하는 것이 아니라, 새로운 영역으로 도전하는 것입니다. 그 방법은 어쩔 수 없이 〈부자연스러운〉 것입니다. 또한 〈모험적인〉 것입니다. 그리고 내 힘으로 가능하지 않은 것입니다. **뭘까요? 아주 쉬운 언어로 이야기하면, 다른 사람을 소개받는 것입니다. 조금 심오한 언어로 이야기하면, 다른 세계의 사람을 만나는 것입니다.** 너무 싱겁나요? 너무 밋밋한가요? 그런데 우리 조금 심오해져봅시다.

우리가 흔히 말하는 '소개팅'에 대해서 이야기해보고 싶습니다. 사실 그리스도인들은 이 소개팅을 부담스러워하기도 하고 부끄러워하기도 합니다. 남자보다는 여자가 더욱 그렇죠. 어떤 사람은 자신의 가치가 시장에 팔리는 것 같다고 치를 떨기도 합니다. 그대가 왜 그런 마음을 가지는지 충분히 알고 있습니다. 그런데 조금 다르게 생각해봅시다. 성경 속 대부분의 아름다운 만남, 아름다운 부부의 사랑 이야기는, 모두 낯선 지역에서 만난 사랑입니다. 그것은 갑자기 만난 사랑의 이야기이고, 잘 모르는 사람들끼리 만난 이야기입니다. 즉, 자신이 잘 알고 있는 공동체에서 만나는 관계의 이야기가 아닙니다.

엄밀한 의미에서 아브라함의 아들 이삭도 리브가를 소개받은 것입니다. 야곱도 그의 아내인 라헬과 레아를 이국에서 만난 것입니다. 요셉의 아내인 아스낫도 이국에서 만난 낯선 사람입니다. 모세의 아내 십보라도 마찬가지입니다. 룻의 남편인 보아스, 다윗의 대표적인 아내인 미갈과 아비가일도 새로운 지역에서 만난 것입니다. 신기하지 않나요?

현대 사회에서는 이런 낯선 만남이 위험하기도 합니다. 그래서 의심과 불신이 많이 들기도 하죠. 그러나, 그래서, 그렇기에, 저는 그리스도인끼리의 소개팅을 긍정합니다. 이런 약점이 상당히 보호되기 때문입니다. **소개팅을 결혼을 목적으로 만나는 〈기계적 만남〉이라고 생각하지 맙시다. 대부분의 그리스도인은 결혼을 전제로 만남을 가져야 한다는 이상한 가르침을 받았습니다. 그러나 결혼을 전제로 남녀가 만난다는 것은, 그런 의미가 아닙니다. 오히려 소개팅을 낯선 땅에서 만나는, 하나님이 주시는 새로운 관계라고 생각합시다.**

그대가 이 소개팅의 자리에 적극적으로 나온다면, 아름다운 열매를 맺을 것입니다. 자주 이야기해서 미안하지만, 그대가 지금까지 그대의 관계 안에서 연애와 결혼에 성공하지 못했다면 앞으로도 동일할 것입니다. 백마 탄 왕자나, 자신의 가치를 알아봐 줄 사람이 갑자기 무대를 찢고 등장하기는 힘듭니다. 그대가 움직여야 합니다. 그대가 적극적으로 새로운 것들을 받아들여야 합니다.

평소 그대가 신뢰하는 믿음의 선후배 그리고 목회자에게 자신의 상황을 나누기를 주저하지 말기를 바랍니다. 그리고 그들에게 소개받는 이성은, 이상한 사람이 아니라 하나님이 주신 "낯선 세계의 만남"입니다. 분명 좋은 일이 있을 것입니다. 또한 요즘에는 크리스천의 〈만남〉을 도와주는 애플리케이션이 많이 있습니다. 실제로 제가 목회하고 있는 교회에 그렇게 결혼까지 한 사람들이 많이 있습니다. 이런 애플리케이션도 적극적으로 활용해보라고 이야기하고 싶습니다.

더 넓어지는 방법

잠시 정리합시다. 넓어지는 방법을 이야기하다가 여기까지 왔습니다. 그 첫 번째는 적극적으로 살아가야 함을 이야기했습니다. 그 방향으로 〈개인적인〉 영역과 〈관계적인〉 영역을 이야기했습니다. 그렇다면 이번에는 더 넓어지는 두 번째 방법을 이야기하겠습니다. 바로 〈기도하기〉입니다.

이미 여러분은 기도에 관한 수많은 권면을 들어보았을 것입니다. 그렇기에 "기도하자"는 말이 식상할 수도 있습니다. 무엇보다 배우자에 관해서 기도를 하자고 하면, 늘상 있는 권면이 있습니다. "구체적으로 기도해라. 키는 몇이고, 직업은 뭐고, 외모는 이렇고, 가족 사항은 이렇고, 신앙관은 이렇고, 집안 배경은 어쩌고저쩌고" 이렇게 인조인간을 만드는 기도를 배웠을 수도 있습니다. 그러나 정확하게 합시다. 어떤 이는 배우자를 향해 이런 기도로 응답받아서, 그런 사람과 살 수도 있습니다. 그러나 어떤 이는 이런 응답을 받지 못해 자신이 꿈꾸는 배우자와 살지 못할 수도 있습니다. 그러나 그럼에도 불구하고 그 결혼은 잘못된 것이 아닙니다. 또한 그렇다고 해서 그 기도가 잘못된 것은 전혀 아닙니다.

사실, 그대는 기도라는 것을 많이 오해합니다. 그것은 굉장히 단순한 메커니즘입니다. **그대는 무엇이든지 기도할 수 있는 자유가 있지만, 그 기도에 어떤 응답을 주실지, 그 자유는 하나님께 있는 것입니다. 다만 우리는 기도에 있어서 확실한 〈확신〉이 있어야 합니다. 그것은 두 가지입니다. 첫째, 하나님은 선하시다는 것입니다. 둘째, 그분은 절대 실수하는 분이 아니라는 것입니다.** 이 두 가지가 성경의 기도에 관한 가르침을 절대적으로 신뢰하라고 이야기하는 것입니다. 그렇기에 하나님이 주시는 응답의 모양이, 우리가 보기에 가시꽃 같고 엉겅퀴 같아도 우리는 그것을 버려서는 안 됩니다. 자신의 기준에 따라서 응답을 취하기도 하고 버리기도 하는 사람은, 정말 교만한 사람입니다.

이런 관점에서 많은 사람들이 배우자 기도에 대한 기대

감도 있지만, 실망감도 있습니다. 대부분 나이에 따라서, 기대감과 실망감이 적절한 함수관계를 갖습니다. 비교적 어린 나이에 있는 사람들은 배우자 기도에 관한 기대감을 갖고, 비교적 나이가 있는 사람들은 배우자 기도에 대한 실망감을 갖습니다. 특별히 실망감을 가득 안고 살아가는 그대에게 이런 말을 하고 싶습니다.

"자신을 돌아보세요……."

하나님은 〈응답〉을 하지 않은 적이 없을 것입니다. 어떤 형태로든지 하나님은 응답을 주셨을 것입니다. 그대가 원했던 적절한 사람을 주시지 않았고, 또한 적당한 만남조차 허락하지 않았을지라도 그분은 응답하셨을 것입니다. 그 응답이 "아직 준비되지 않았구나_", "너는 여전히 게으르구나", "사랑하는 아들, 딸아, 네가 상처받을까봐_ 지금은 만남보다는 너를 더 준비했으면 좋겠구나"로 왔을 수도 있습니다. 그대가 원하는 모양으로 기도가 응답되지 않고, 지연되거나 혹은 반대로 응답이 와도, 하나님은 실수하지 않으신 것입니다. 또한 하나님은 악하신 분도 아닙니다. 우리에게 가장 필요하고 적절한 것을 주시는 분입니다.

그대는 그대가 원치 않는 기도 응답의 모양 속에서 길을 잃을 수도 있습니다. 방황할 수도 있습니다. 깊은 상처를 받을 수도 있습니다. 그러나 이런 말을 하고 싶습니다. 길을 잃을 때, 참된 길이 생기는 것입니다. 방황을 해야 정확한 방향이 생기는 것입니다. 상처의 파트에서도 이야기했지만, 그대가 상처를 받을 수는 있습니다. 그러나 그대가 죽는 것은 아닙니다. 움푹 파인 그곳에 새로운 살과 피와 뼈가 자라날 것입니다.

중요한 것은 단 한 가지입니다. "내가 기도를 하고 있느냐_"입니다. 어떤 기도든 상관없습니다. 지금, 일단은 이렇게 말하고 싶습니다. 기도를 하고 있다면 그 아픔 뒤에 있는 정확한 길이 보일 것입니다. 확고한 방향이 잡힐 것입니다. 무엇보다 새로운 살과 뼈로 다시 일어날 것입니다. 이것은 더 넓어지는 것입니다. 헤매는 것 같으나 섭리 가운데 있음을 알게 될 것입니다. 뜻 밖에 있는 것 같지만, 뜻 안에 있다는 것을 알게 될 것입니다. 그대여, 기도하십시오. 그 모든 어려운 상황에서도 넓어지는 길은 기도뿐입니다.

기도해도 안 되는 것

그러나 그대는 이런 의구심을 가질 수도 있습니다. "만약 하나님이 정말 선하시다면, 그 사람의 마음을 움직여서(?), 변화시켜서(?), 이런 나를 좋아하게 할 수도 있지 않나요?",

"이런 지금의 내 모습을(?) 온전히 좋아하는 사람을 주실 수 있는 것 아닌가요?" 일단 저의 대답은 "글쎄요"입니다.

잘 생각해봅시다. 전능하신 하나님은 그대의 마음도 잘 움직이지 않습니다. **하나님은 변화하기에 게으른 그대의 마음을 존중해서, 그대의 외모도 체중도 변화시키지 않으시는데, 그대 때문에 굳이 상대를 변화시킬까요?**

우리가 오해하는 것 중에 하나는, "하나님은 인간의 마음을 변화시킨다"입니다. 물론 전능하신 하나님은 그렇게 하실 수도 있습니다. 출애굽기를 보면, 바로의 마음을 완악하게 한 것이 하나님의 뜻이었음을 보여줍니다(출 7:3). 그러나 이런 성경의 이야기는 굉장히 소수입니다. 오히려 많은 부분에서 성경은, 하나님은 인간의 마음을 잘 건드리지(?) 않는 것을 볼 수 있습니다.

전능하신 하나님은 아담과 하와가 선악과를 먹을 때에도, 그들의 마음을 기계처럼 변화시키지 않으셨습니다. 하나님의 뜻이라는 정해진 매뉴얼로 인간의 마음에 AI를 심어두지는 않으셨습니다. 오히려 그들이 범죄하고 타락할 때까지 그들의 자유를 존중하십니다. 심지어 하나님이 주신 〈자유〉로, 인간이 하나님을 떠날 때에도 그들을 막지 않으셨습니다. 일단 하나님은 그들이 가진 자유를 침범하지 않으셨습니다. 왜 그럴까요? 하나님은 인간의 마음을 〈존중〉하기 때문입니다. 그 마음 가운데 있는 고유한 자유를, 하나님의 형상으로 보시기 때문에, 하나님 마음대로(?) 다루지 않습니다.

인간에게 그런 자유와 의지가 있기에 인간이 아름다운 것입니다. 오늘날 인간을 풍요롭게 하고 아름답게 하며 지혜와 여유를 주는 예술, 문학, 시와 노래들은 모두 인간의 자유 안에서 주어진 것입니다. **하물며, 그대를 호감으로 생각하지 않고, 그대가 마음에 호감으로 생각하는 상대의 기호를, 그대 때문에 바꾸실까요?**

보편적인 인간관계도 그럴진대 특수한 관계도 동일합니다. **잊지 마세요. 인간의 마음은 인간이 바꾸는 것입니다. 그대가 상대를 좋아할 자유도 있지만, 상대가 그대를 좋아하지 않을 자유도 동일하게 있는 것입니다. 그러므로 기도로 변화될 사람은, 상대가 아니라 〈그대〉입니다. 이 이야기는 100번을 강조해도 모자람이 없습니다. 기도가 능력이 있는 이유는, 상대를 변화시키는 것에 있는 것이 아닙니다. 애를 쓰고 노력을 해도 변하지 않는 그대를 변화시키는 능력이 있는 것입니다. 그러므로 그대는 특정 기호대로 기도했던 배우자 기도를, 상대가 아닌 자신에게 적용하는 지혜를 가지기 바랍니다.**

그대의 나이가 몇인지는 중요하지 않습니다. 그러나 여전히 사랑을 꿈꾼다면 그대는 변해야 합니다. 지금도 결혼을 희망하고 있다면 그대는 변화해야 합니다. 남자와 여자 사이에 지금까지 그대의 방식이 통하지 않았다면, 특별한 변화가 없다면 앞으로도 통하지 않을 것입니다.

그대가 만날 배우자는 하나님이 아니기에, 예쁜 것을 좋아하고 착한 것을 좋아하고 안정된 것을 좋아합니다. 그러니, 못된 그대의 성격을 바꿔야 합니다. 또 못생기고 뚱뚱하다면 정말 피눈물 나는 노력을 해야 합니다. 패션 감각이 없다면, 수능을 공부하듯 공부해야 합니다. 만약 불안정한 직장이나 떳떳하지 못한 직업을 가지고 있다면, 그대는 정말 그대를 변화시켜야 합니다. 불안을 좋아하는 사람은 없습니다. 불행을 로맨스로 생각하는 것은 그대뿐입니다. 상대의 생각과 시선을 변화시키려는 것은 기만에 가까운 거짓입니다. 그대가 더 노력해서 정상적이고 상식적인 지점에서 시작을 꿈꾸어야 합니다.

더 넓어지기 위한 기도는 결국 나를 넓혀가는 것입니다. 낡은 방식을 버리고 새로운 방식으로 살아가야 합니다. 사실, 우리가 믿는 복음이 그런 것 아닐까요? 우리는 새로운 소식을 가지고 사는 사람들입니다. 그대가 믿고 내가 믿는, 기독교의 정신이 그런 것입니다. 기독교를 영어로 프로테스탄트protestant라고 합니다. 이것은 '저항자들'이라는 뜻을 가지고 있습니다. 낡은 것과 익숙한 것에 저항했던 사람들을 향해 기독교인이라고 했습니다. 그렇다면, 가장 낡고 익숙한 존재를 변화시켜야 할 대상은 자기 〈자신〉이 됩니다. 따라서 그대여, 그대를 위해서 기도하십시오. 그대가 변화되길 기도하십시오. 새로운 세상을 살기에 이 세상은 충분히 넓습니다.

여전히 그 의미는 충만하여, 그대의 존재를 새롭게 거듭나게 합니다.

다시, 사랑을 꿈꿔라

그대가 지금까지의 논의를 이해하고, 그대가 지금까지의 이야기를 존중한다면, 정말 좋겠습니다. 만약 그렇다면 그대는 〈가능성〉이 있는 것입니다. 그리고 이런 대전제 아래서, 이제부터야말로 정말 중요한 이야기를 해보려고 합니다. 그것은 "다시, 사랑을 꿈꿔라"입니다. 그대여, 다시 꿈꾸는 사랑 앞에서 소심해지지 맙시다. 또 조심해지지도 맙시다. 사랑은 인간의 가장 자연스러운 방향입니다. 그것은 향기 나는 것이고 사람을 빛나게 하는 것입니다. 물론 주저할 수 있지만, 너무 망설이지는 맙시다.

처음부터 돌아가봅시다. 20대 초반의 아그들은(?) 사랑을 어떻게 할까요? 분명 그대가 사랑을 대하는 방식과는 아주 많이 다를 것입니다. 그대는 그대의 나이를 생각하고 〈사랑 = 결혼〉이라는 도식으로 보기에, 사람보다 조건이 크게 보입니다. 뭐, 이해는 합니다만, 좋은 방식은 아닙니다. 또 결국 실패하게 될 가능성이 클 것입니다.

그렇다면, 20대 초반의 그 아그들은 사랑을 어떻게 할까요? 그 아그들은 오직 한 가지를 중요하게 여깁니다. 바로 〈삘!〉입니다. 바로 〈느낌〉이죠. 20대 아그들이 중요하게 여기는 이 느낌이라는 것을, 어떻게 문자로 표현하기가 어렵습니다. 그것을 설렘으로 말할 수도 있고, 썸, 밀당, 직감이라는 언어로 말할 수도 있습니다. 물론 사랑으로도 말할 수 있죠. 그러나 저는 이렇게 말하고 싶습니다. 그것은 〈느낌적인 느낌〉이라고요.

20대 아그들은 이런 느낌적인 느낌이 있다면, 특별한 〈조건〉을 보지 않고 좋아하는 것입니다. 또 주저하지 않고 노골적으로 연락도 하는 것입니다. 사실, 인간의 마음이라는 것이 조건으로 열리는 방향을 택한다면 참 서글퍼집니다. 그러나 그런 철옹성 같은 조건을 갖춘 인간의 마음을 여는 것은, 더 탁월한 조건이 아니라 순수하게 두드리는 마음입니다. 인간의 마음을 여는 것은, 인간의 〈마음〉밖에 없습니다. 이것을 잊지 맙시다. 만약, 그대가 여기에 동의하지 못한다면, 역으로 생각해볼 필요가 있습니다. 그대야말로 대상의 조건에 따라서 마음 문을 여는 그런 사람입니까?

인간의 사랑이라는 것이 조건을 먹고 자라는 것이 아니라는 것은 잘 알고 있습니다. 그런데, 그대가 조건을 먹고 사랑을 키우려고 하는 방식을 포기하지 못하니, 연애가 실패하는 것은 당연한 이치가 아닐까요? 생각해봅시다. 그대가 생각하는 조건에 맞는 상대가, 그대의 조건을 좋아할 이유가 있을까요? 그대가 좋아할 조건을 가진 사람은, 누구나 좋아할 조건을 가진 사람입니다. 그리고 그런 조건을 가진 상대는, 얼마든지 자신이 원하는 조건으로 연애와 결혼을 선택할 수 있습니다. 그 조건이 좋은 사람은, 조금 더 어리고, 조금 더 이쁘고, 조금 더 멋진 취향에 맞는 것들을 선택하겠죠. 아마 그대를 선택하지는 않을 것입니다.

이쯤에서 그대는 저의 말을 오해할 수 있습니다. 첫 번째 오해는 "다시 사랑을 하라는 건가, 말라는 건가", 두 번째 오해는 "조건 좋은 사람을 고르는 것이 왜 잘못된 건가?" 이 정도 방향에서 파생되는 오해를 할 수 있죠. 그러나 제가 정말 말하고자 하는 진의는, 다음과 같습니다. **"다시 사랑을 꿈꾼다면, 그대의 사랑의 방식을 바꿔라"입니다. 그대가 바라보는 사랑의 방식을 바꾸지 않는 이상, 다시 사랑을 꿈꾸는 것은 정말 꿈에서나 가능합니다.**

억울하다고 생각하겠지만, 그대가 먼저 바뀌어야 합니다. 연애와 결혼을 대하는 그대의 가치관, 판단력, 어떤 절대성이 바뀌어야 합니다. 바뀌지 않으면, 그대로일 뿐입니다. 100년을 기다려도 백마 탄 왕자는 나타나지 않습니다. 신데렐라는 남의 이야기입니다. 전설과 현실은 여전히 다른 법입니다. 제가 너무 잔인한가요? 혹은 너무 냉정한가요? 아닙니다. 그대가 현실을 판단하지도 못하고 믿음이라는 이름으로 개꿈을 꾸고 있는 것입니다.

성경은 이상할 정도로 신기하게, 시대가 변해도 동일하게 알려주는 하나의 원리가 있습니다. 그것은 그대가 생각하는 문제 해결 방식입니다. **성경의 하나님은 그대의 눈앞에 있는 문제를, 눈앞에 있는 방법으로 해결하지 않습니다.** 그런 상식선을 자주 뛰어넘습니다. 하나님은 반드시 그 문제로 인해서 내가 변하길 기대합니다. **같은 상황 속에서 인간은 문제가 해결되길 바라지만, 하나님은 그대가 변하길 바랍니다. 인간은 그 문제만 해결되면 다 잘될 거라고 생각하지만, 하나님은 그대만 변하면 해결될 수 있다고 이야기합니다.** 그것이 참으로 신기한 원리입니다.

다시, 사랑을 꿈꾼다면 그대가 변해야 합니다. 그대가 변하면 손해보는 것 같죠? 그러나 결코 아닙니다. 그대가 변하는 순간 더 좋은 사람이 나타납니다. 적어도 하나님이 일관된 분이라면, 동일하게 그럴 것입니다. 이것이 말도 안 되는 논리 같아도, 그것이 말을 뛰어넘는 믿음의 원리입니다.

그렇다면 "다시, 사랑을 하기 위해" 어떻게 변해야 할까요? 그것은 〈순수한 마음〉을 갖는 것입니다. 그 순수한 마음이란, 하나님을 절대 의존하는 순수한 마음입니다. 그대가 그대를 아는 지식보다, 그대를 더 잘 아시는 분은 하나님입니다. 그대가 처한 상황보다, 그 환경을 더욱 잘 아시는 분이 하나님입니다. 그것을 신뢰한다면, 그분이 만나게 해주시는 그 모든 것들은 〈선한 것〉입니다.

다윗은 그것을 깨닫고, 수많은 시편 속에서 하나님을 선하신 하나님이라고 표현합니다. 그 하나님이 선하신 이유는, 내가 원하는 결과를 주시기 때문이 아닙니다. 우리 하나님이 선하신 이유는, 그분이 주신 결과가 내가 원하는 결과와 다르다고 해도, 너무나 참으로 선한 것이기 때문입니다. 그래서 다윗은 고난과 아픔과 시련 속에서도 하나님을 더욱 사랑하며 찬양할 수 있었습니다.

그대가 그 선하신 하나님을 전적으로 신뢰한다면, 조건이라는 이름으로 더 이상 사람을 고르지 마십시오. 지금 내가 맺는 관계에서 그대와 관계 맺게 해주시는 그 사람을 보십시오. 어쩌면, 그대를 가장 잘 아시는 하나님이 보내주신 귀한 짝일 수 있습니다. 살아 계신 하나님은 그대의 상황을 그대보다 더 잘 아십니다.

다시 사랑하기 원한다면, 순수한 마음을 가집시다. 그 마음으로 눈에 보이는 조건을 보지 않고 사람을 보고, 20대 아그들이 하는 느낌적인 느낌(?)으로 사랑을 대해보는 것입니다. 그렇다면 반드시 있을 것입니다. 〈사랑 = 결혼〉이라는 도식은 잠시 후에 이야기를 해봅시다. 지금은 그대가 세월 속에 잃어버린 순수한 마음을 찾고, 느낌적인 느낌으로 사랑을 했던 그 시절의 방법을 다시 익혀야 합니다. 그대여, 그런 사랑은 바보 같은 것이 아닙니다. 부질없는 것이 아닙니다. 허송세월을 보내는 것도 아닙니다.

짝사랑을 준비하라

그대의 나이가 몇인지는 모르겠습니다. 그러나 그대의 나이에서 사랑을 대할 때 불편한 몇 가지는 알고 있습니다. 그것이 앞서 이야기한, 조건을 보지 않는 사랑을 시도하는 것입니다. 그리고 지금부터 이야기할 〈짝사랑〉일 것입니다.

그대는 짝사랑을 알 것입니다. 여러 가지로 정의할 수 있지만, 쉽게 이해하기 위해서 짤막하게 이야기하면 혼자 좋아하는 사랑입니다. 그리고 그대의 나이에 짝사랑은 쪽팔린다고 생각합니다. 무엇보다 할 수 없는 사랑이, 이런 짝사랑이라고 생각합니다. 이런 사랑이야말로 20대 초반의 아그들이 하는 사랑의 전유물이라고 생각하니까요. 그러나 이런 생각은 참으로 오만한 생각입니다. 왜냐면, 사랑은 온 인류에게 매우 공평한 역사를 가지고 있으니까요. 그 유구한 사랑의 유산과 역사보다 그대의 나이가 앞설 수는 없습니다.

짝사랑은 좋아하는 감정에서부터 시작됩니다. 그것이 진화되어 설레고 질투도 나고 그 대상에게 잘 보이고 싶어 하는 열정이 생기는 것이죠. 그리고 결국 그 사람을 소유하고 싶은 욕심도 생기는 것입니다. 그런 좋아하는 감정이란, 어린아이부터 노인에 이르기까지 모두가, 모든 상황에서 경험할 수 있는 〈축복〉입니다. 짝사랑은 얼마나 위대한지요. 그러나 이 축복된 감정이, 제외되는 사람도 있습니다. 그것은 바로 '혼인'을 한 사람입니다. 그들에게는 이런 종류의 짝사랑이 허락되지 않습니다. 물론, 혼인을 한 사람도 어떤 이성에게 때때로 이런 사랑의 감정을 느낄 수 있습니다. 그러나 이 감정이 표현되거나 이 감정을 진실되게 발전시킨다면, 응당 비난을 받습니다. 성경도 그것을 비판하고 있죠. 더 이상 그 감정은 나쁜 것이고 악한 것입니다.

그러나 그대가 여전히 혼자라면, 이 감정을 마음껏 누릴 수 있습니다. 이 사랑을 축복받는 마음으로 시도할 수 있습니다. 이것이야말로 돈으로 살 수 없는 큰 축복입니다. 짝사랑이라고 표현해서 그렇지, 한 사람을 순수한 감정으로 사랑하고 설레고 그 사람을 생각하는 것은 우주 같은 일입니다. 인간이 가질 수 있는 가장 큰 축복입니다. 그러니 그대여, 그대의 감정을 너무 재단하지 않았으면 좋겠습니다. 만약 누군가를 향해 좋아하는 짝사랑의 감정이 있다면, 그것을 갈기갈기 찢어버리거나 그냥 구겨버리거나, 쪽팔린다고 생각하면 안 됩니다. 그 감정은 이 세상의 그 누구도 선물할 수 없는 축복의 감정입니다.

그대여, 짝사랑을 하십시오. 마음껏 하길 권합니다. 그 대상에게 잘 보이고 싶어서 노력도 하고, 순수한 마음으로 어필도 하고, 무엇보다 진지해지는 것도 나쁘지 않습니다. 그것이 왜 부끄러운 것이겠습니까? 그렇게 말하는 사람들이 가장 못난 사람들입니다.

사실, 짝사랑에 있어서 가장 비효율적인 것은, 짝사랑을 하는 그대가 아닙니다. 가장 비효율적인 것은 상대가 그대의 짝사랑을 알아봐주길 바라는 마음입니다. 그래서 그저 기다린다면, 망부석이 될지도 모릅니다. 사람은 은근히 둔하고 미련합니다. 그런 사람이라는 존재가 짝사랑하는 그대의 온전한 감정과 생각을 알아봐주고, 그 가능성마저 인정해주길 바라는 마음이 가장 비효율적인 것입니다. 짝사랑한다면 용감해야 합니다. 다짜고짜 들이대라는 소리가 아니라, 자신의 감정에 선명해야 한다는 것입니다. 조금 더 적극성을 가져야 합니다.

이쯤에서 그런 생각을 할 것입니다. "그러다가 망하면 어떻게 하나?", "그러다가 영영 관계를 잃으면 어떻게 하나?" 입니다. 성숙하고 멋진 고민입니다. 그러나 이것에 대해서는 저의 말을 할 수도 있지만, 보다 더 전문가인 한나 아렌트 Hannah Arendt의 말로 이야기해주고 싶습니다. 그대의 성숙하고 멋진 고민 앞에 한나 아렌트는 이렇게 말했을 것입니다.

"그대여, 그건 그때 가서 고민해야 할 일이다_"•

언뜻 보면 이 말은 일어난 문제를 방관하는 것처럼 들립니다. 그러나 아렌트의 심리학은 프로이드의 심리학과 다

•
기시미 이치로, 고가 후미타케, 《미움받을 용기》, 서울:인플루엔셜(2014), p.143-185

르게, 인간의 〈잠재적 가능성〉을 신뢰하지 않습니다. 예를 들면 계획이라든지, 예상이라든지, 인간의 무의식적 어떤 영감이라든지요. 아렌트는 인간의 결정으로 만들어내는 의미를 더 존중합니다. 그렇기에 타인이 갖는 반응의 과제는 타인에게 맡겨둡니다. 타인의 몫인 반응의 과제를 그대가 가지지 말라는 것이죠. 그럴 때 인간은 거짓말을 하게 되고, 원치 않는 것을 원하는 것처럼 가면을 쓰고 살아가는 것입니다. 그렇기에 미지의 결과를 두려워해서는 안 되는 것입니다. 결과의 결과는 〈타인의 과제〉인 것입니다. 언제나 더 중요한 것은 지금 내가 정직하게 나의 길을 걷고, 나의 언어를 사용하고 있느냐입니다.

만약 그대가 사랑을 해서 실패했다고 칩시다. 그래서 사랑을 잃어버리고, 혹 사람과의 관계까지 잃어버렸다고 칩시다. 그런데 그것이 실패일까요? 정말 망한 것일까요? **아닙니다. 그대가 그 순간에 얻는 더 소중한 것들이 있는 것입니다. 이를테면 자신이 품어온 사랑의 〈용기〉와 〈진실〉 그리고 〈정직〉입니다.** 이것은 한 사람을 성숙하게 하는 것입니다. 또한 성장하게 하는 것입니다. 이것은 앞서 이야기한, 낡은 내가 새로운 나로 변화되는 아름다운 순간입니다. 따라서 사랑에 실패할까봐 사랑조차 하지 못하는 것이 더 겁쟁이고 비겁한 것입니다. 연애에 성공하지 못하고, 다른 것들을 잃어버릴까봐 자신의 감정에 용기를 내지 못한다면, 그것이야말로 아주 늙어버린 것입니다.

그대는 절대 오해하면 안 됩니다. 저는 지금 마음대로 살라고 하는 소리가 아닙니다. 멋대로 결정하라는 소리는 더욱 아닙니다. 일단 일을 저질러보라는 소리는 더더욱 아닙니다. **그대의 나이가 몇이든, 그대의 조건이 어떠하든, 사랑이라는 감정은 우주적인 것이며 인간에게 가장 소중한 감정입니다. 그렇다면, 그것을 쉽게 버리지 말라는 것입니다.** 짝사랑을 함으로 잃을 것 같은 대상과 잃어버릴 것 같은 관계는 망상일 수 있습니다. **아렌트의 말처럼 그것은 그들이 해결해야 할 과제 혹은 그때 가서 해결해야 할 과제입니다.** 진실된 짝사랑을 한다면, 그대는 반드시 〈성숙〉하고 〈성장〉하게 되어 있습니다. 어쩌면 그대에게 가장 필요한 성장통은 이런 것인지 모르겠습니다. 그러니 그대여, 주저하지 말고 짝사랑하십시오.

우리가 즐겨 부르는 트로트가 있습니다. 오승근 씨의 '내 나이가 어때서'입니다. 한 번쯤 깊이 묵상해도 전혀 나쁘지 않은 가사입니다.

야 야 야 내 나이가 어때서
(사랑하기 딱 좋은 나인데)

사랑에 나이가 있나요
마음은 하나요 느낌도 하나요

그대만이 정말 내 사랑인데
눈물이 나네요 내 나이가 어때서
사랑하기 딱 좋은 나인데

어느 날 우연히 거울 속에 비춰진
내 모습을 바라보면서 세월아 비켜라
내 나이가 어때서 사랑하기 딱 좋은 나인데
(사랑하기 딱 좋은 나인데)

하나님은 뭐하고 있는 걸까?

그러나 저는 알고 있습니다. 사랑에 있어서 결국 그대는 상처가 있고 두렵고 아프다는 것입니다. 무엇보다 지쳐 있고 억울하고 막막하다는 것입니다. 간절히 기도해도 더 눅눅하기만 한 그 마음을 알고 있습니다. 그리고 그대의 그 감정의 끝에 있는 뾰루지 같은 의문을 알고 있습니다. 아마 이것일 것입니다. **"지금, 하나님은 뭐하고 있는 걸까?"** 사실, 저도 궁금하긴 합니다. 하나님은 뭐하고 있을까요?

그대의 이런 감정이 깊어지면, 영적인 침체를 경험하게 됩니다. 그런 침체를 경험하면, 인간은 이내 시들어버립니다. 그것이 사람의 생명력입니다. 불과 같이 일어나도, 조금만 막히면 금방 사그라들죠. 그대의 감정도 이 안에서 허우적거릴 것입니다.

동일한 문제 앞에서 우리 믿음의 선배들은 어떻게 했을까요? 이럴 때 그들은 두 가지 반응을 하였습니다. 첫째, 하나님을 향해서 〈원망〉하거나, 둘째, 하나님을 향해서 더욱 〈신앙〉을 보이거나입니다. 전자의 반응을 보였던 사람들의 결과는 그리 좋지 않았습니다. 그들의 불평과 동일한 결과들이 이루어졌으니까요.

여호와께서 모세와 아론에게 말씀하여 이르시되
나를 원망하는 이 악한 회중에게 내가 어느 때까지 참으랴
이스라엘 자손이 **나를 향하여 원망하는 바**
그 원망하는 말을 내가 들었노라
그들에게 이르기를 여호와의 말씀에
내 삶을 두고 맹세하노라
너희 말이 내 귀에 들린 대로 내가 너희에게 행하리니
너희 시체가 이 광야에 엎드러질 것이라
너희 중에서 이십 세 이상으로서 계수된 자
곧 **나를 원망한 자 전부가 들어가지 못하리라**

민수기 14장 26-29절

하나님을 믿기에, 잘나가던 인생이 광야를 맞이할 때도

있습니다. 또 믿음과 신앙으로 정직하게 무엇인가를 결정했는데, 결론은 막막한 절망일 때가 있습니다. 그런 인생의 광야를 살아갈 때, 하나님은 아무것도 하지 않는 것 같아 보이지만, 사실 누구보다 신중하게 그대의 소리를 듣고 있습니다. 그대는 이것을 잊으면 안 됩니다. 인생의 여백은 하나님의 〈준비〉하심입니다. 그대의 덧셈과 뺄셈, 곱하기, 나누기 정도의 수학적 능력으로, 내일도 일하시는 하나님을 〈판단〉하면 안 됩니다. 그분은 언제나 준비하시는 분입니다.

그리고 반대로 하나님이 보이지 않을 때, 그러므로 말미암아 하나님을 더욱 신뢰했던 사람들의 결과는 늘 좋았습니다. 이것은 아주 단순한 이치이지만, 사실 어려운 신앙의 기본기입니다.

그렇다면 광야같이 막막할 때, 이 눈에 아무 증거가 보이지 않을 때, 믿음의 선배들은 어떻게 하나님을 믿었던 걸까요? 문제가 깊을수록 그들의 신앙이 빛났던 이유는 무엇이었을까요? **그 탁월한 비결은, 하나님을 인간의 수준으로 인식한 것이 아니라, 하나님을 하나님의 수준으로 인식했다는 것입니다.** 기독교 영성가 맥스 루케이도Max Lucado는 이것을 이렇게 말했습니다.

"교통 체증 때문에 곤란을 겪는 독수리가 있는가?
없다. 그 위로 날아오를 뿐이다.

폭풍우에 동요하는 고래가 있는가?
물론 없다. 그 밑으로 잠수해 들어갈 뿐이다.
하나님께서는 훨씬 더 높이 날아오르며,
훨씬 더 깊이 잠수해 들어가며,
훨씬 더 쉽게 세상 문제들을 넘어설 수 있지 않으시겠는가!
인간에게는 불가능한 일이 하나님께는 가능하다."

멋진 문장입니다. 사실 우리는 문제 앞에서 하나님을 하나님의 수준으로 인식할 필요가 있습니다. 그것이 하나님을 더욱 탁월하게 신뢰하는 유일한 비결인지도 모릅니다.

구약에서 가장 막막했던 시절은 광야 시절입니다. 단출한 몸짓으로 모세가 애굽의 바로 앞에 선 것도 말이 안 되지만, 그 모세가 이스라엘 백성 60만 명을 이끌고 광야로 탈출하여 길을 간 것은 더욱 말이 안 됩니다. 그대는 이 사건의 결과를 아는 사람으로서, 커피 한 잔 하면서 이 이야기를 보지만, 그 현실에 있던 이스라엘 백성들은 어떻겠습니까? 정말 막막했을 것입니다. 그 어떤 인내력이 있는 인간이라도, 목적지가 없는 길을 걷는 것은 좌절스러운 것입니다. 그 어떤 매너 좋은 사람이라도, 목적지도 없는 길을 음식과 물이 확보되지 않는 상태에서 매일 걷는다면 그것은 화가 나는 일입니다. 그대는 이런 길을 3일만 걸어도 맨 밑바닥 같은 모습을 토해낼 것입니다. 그렇기에 그들이 했던 불평은 당연한 것이죠. 또한 모세가 괴로워했던 것도 당연한 것입니다. 광야의 방황은 작지 않았고, 이스라엘 백성도 모세도 서서히 지쳐갔을 것입니다. 그때 이들도 이글거리는 마음으로 생각했을 것입니다. **"하나님은 지금 도대체 무엇을 하고 있는 것일까?"** 아마 문제를 대하는 그대의 수준과 비슷했을 것입니다. 미지를 대하는 그대의 믿음과도 비스무레했을 것입니다.

그렇다면 이런 상황에서 지혜는 무엇일까요? 어떻게 이스라엘 백성들을 위로해야 할까요? 또 어떻게 확신을 줄 수 있을까요? 무엇보다 모세는 무엇을 바라보고 내일의 광야를 걸어야 했을까요? 그리고 이것보다 더한 수많은 의문들을 바꾸어주는 대답은 무엇일까요? 사실, 이 모든 것을 충족시키는 답을 찾는 것은 정말 어려운 일입니다. 질문을 가진 인간에게 답을 주는 것은 쉽지만, 불신을 가진 인간에게 확신을 주는 것은 정말 어려운 일입니다.

그런데 모세는 이런 상태에 있는 이스라엘 백성들에게 아주 이상한 말을 합니다. 이 모든 의심과 불신을 다 부숴버릴 말입니다.

너희보다 먼저 가시는 너희의 하나님 여호와께서

애굽에서 너희를 위하여 너희 목전에서

모든 일을 행하신 것같이 이제도 너희를 위하여 싸우실 것이며

신명기 1장 30절

"하나님은 지금 뭐하고 있는 거야?!"라고 불신을 품은 이스라엘 백성 앞에서 이렇게 말합니다. "하나님은 지금 너희보다 앞서가시는 분이다." 참으로 명쾌한 가르침입니다. 모세는 불신으로 가득한 이스라엘 백성들에게 하나님을 놀고먹는 분, 혹은 주머니 속에 늘 답을 가지고 있는 분, 혹은 나의 감정과 처지를 상관하지 않는 분으로 말하지 않습니다. 그들이 가진 하나님을 향한 해괴망측한 상상력과 오해를 정리합니다. 모세는 광야를 걷고 있는 이스라엘 백성들에게 하나님은 하나님의 일을 하고 있는 분으로 이야기하고 있습니다. 인간이 인간의 일을 하듯, 하나님도 하나님의 일을 성실하게 하고 있는 분으로 이야기하고 있습니다. 물론 이것을 믿을지 믿지 않을지는 이스라엘의 자유였습니다. 그리고 그대의 자유이기도 합니다. 그러나 믿음을 꼭지 삼아, 이스라엘의 자유이건, 그대의 자유이건, 하나님이 〈앞서가서 일하시는〉 분이라는 것은 사실입니다. 하나님은 그대의 삶에 아주 많은 관심이 있고, 그대의 괴로움과 아픔에 말로 할 수 없는 탄식을 하고 있는 분입니다. 그렇기에 그분은 〈신실〉하신 하나님입니다.

이것이 미지를 대하는 우리의 아름다운 신앙관입니다. 하나님도 하나님의 일을 하고 있습니다. 그래서 그분은 실수하지 않으시는 하나님이요, 선하신 하나님입니다. 물론, 하나님이 앞에서 무엇을 하는지 우리는 모릅니다.

오늘도 그대는 사랑과 짝사랑 그리고 〈다시, 사랑〉을 결심하며 앞서가시는 하나님에게 물을 것입니다. "제 짝은 어디 있죠?!" 물론 시원한 응답이 오지 않더라도 그분의 사랑을 의심하지 맙시다. 그분은 그대의 앞에서 일하시는 분입니다. 그렇기에 지금은 그분을 신뢰하며, 나에게 주어진 길을 후회 없이 걸어가는 것이 필요합니다.

다시 새로운 사랑을 꿈꾼다면, 낡은 그대를 버리십시오. 적극적으로 그대를 사랑하십시오. 기도를 하되 먼저 그대를 변화시키십시오. 그리고 그 모든 미지의 세계 앞에서 하나님이 앞에서 일하고 있다는 것을 믿으십시오.

alone

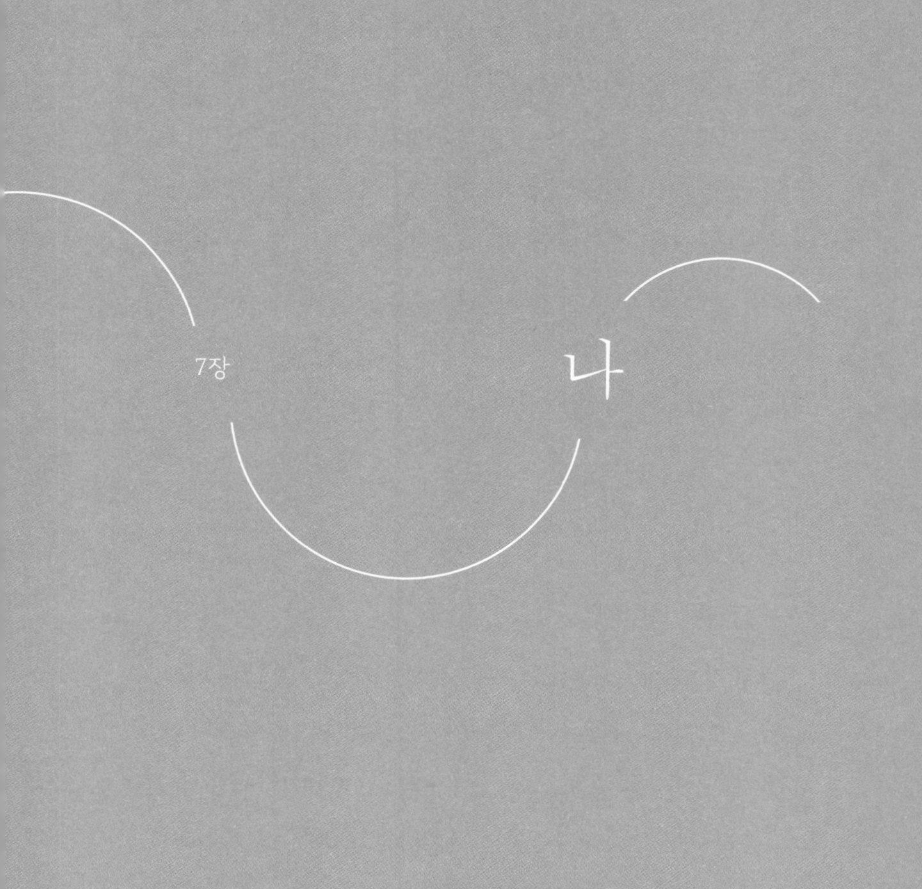

7장

나

드디어 마지막 감정에 관한 이야기입니다. 그것은 다시, 〈나〉에 관한 이야기입니다. 그대가 지금까지 왜 1인으로 살아가는지는 모르겠습니다. 1인으로서 그대는 나름의 자부심도 있고 수많은 어려움들을 견뎌왔고 또 많은 것들을 이루어낼 수도 있습니다. 아니면 반대로 지금까지 그 나이 되도록 한 것이 아무것도 없고, 살아가는 생존조차 힘에 겨워할 수도 있겠죠. 어떤 과정이든 좋습니다. 그러나 중요한 결론은, 그대가 지금 혼자라는 것입니다. 그죠?

무조건 혼자는 외롭다

〈혼자〉로서, 아무것도 이루지 못한 채 세월 네월을 보내고 있는 사람도 있습니다. 이 이야기는 뒤에서 해봅시다. 먼저 혼자로서 많은 것들을 이룬 사람의 이야기부터 해봅시다.

혼자로서 무엇인가를 이룬 사람은, 그가 이룬 업적 뒤로 자신의 존재를 숨깁니다. 그래서 혼자라는 것을 감춥니다. 자신의 외로움과 적적함을 들키지 않게요. 아니면 반대로 혼자라는 것을 더 화려하게 표현합니다. 둘보다 더 거대한 하나로서 말입니다.

그런데, 저는 알고 있습니다. 그대가 느끼는 그 혼자라는 감정은 많이 차갑고 아프고 힘들다는 것을요. 어쩔 수 없습니다. 피할 수도 없고 극복할 수도 없습니다. 혼자는 외로운 법입니다. 그대가 그대의 힘으로 빌딩을 만들고 만리장성을 쌓는 능력이 있어도 말입니다. 그래서 1인 감정은 분명 〈외로움〉을 기초로 생성되는 것이 맞습니다. 그것이 희망이든, 절망이든, 식욕이든, 성욕이든, 행복이든, 눈물이든 말입니다.

그대는 이런 생각을 할 것입니다. "이 양반이 지금 누구 놀리나?!!" 오해는 마십시오. 결코 아닙니다. 이 책의 어느 부분에서도 이야기했지만, 혼자인 그대는 혼자라는 것을 절대로 숨기지 말라고, 이런 이야기를 하는 것입니다. 그리고 그대가 외롭고 지쳐 있고 힘에 겹다는 것도 감추지 말라고 하는 소리입니다. 혼자인 그대는 무조건 외롭고 지치고 어려운 것을 알고 있습니다. 숨기지 마십시오.

무엇보다 조심해야 할 것은 〈일〉입니다. 혼자이기에 사회적으로 폭력적인 시선이 있습니다. 그리고 그런 시선을 받은 그대는, 복수의 감정이든, 자기 반성의 감정이든 반드시 인정을 받으려고 합니다. 그리고 그 영역은 반드시 일이 될 것입니다. 일로서 인정받는 감정이 친숙해지면, 그때부터는 일에 〈중독〉이 되는 것입니다. 그리고 건강한 삶의 방향을 잃어버립니다. 인간관계를 행복과 친밀함 그리고 우정이라는 관점으로 보지 못하고 일로서만 접근하는 것입니다.

더 최악은 〈돈〉입니다. 모든 인간관계를 돈으로만 보는 것입니다. 그러나 그대가 수천만 원, 수억 원을 벌어도 혼자라는 것은 변하지 않습니다. 그렇게 일을 해봤자 혼자라는 것은 변치 않습니다. 그럴수록 〈함께〉할 사람을 찾아야 합니다. 그것이 우정이든 연애든 말입니다. 그런 방향을 늘 가지고 있는 것이 건강한 것입니다. 그대는, 이 단순함을 잊지 마십시오.

혼자와 나

이제부터 조금 본격적인 이야기를 해봅시다. 비슷한 표현 같지만, 완전히 다른 표현으로 이야기를 해보려고 합니다. 그것은 〈혼자〉와 〈나〉입니다. 이 책을 통해서 한 가지를 구분해서 정의해봅니다. **혼자라는 것이 나의 〈상태〉를 말하는 표현이라면, 나라는 것은 나의 〈존재〉를 말하는 표현입니다.** 많은 사람들은 자연스럽게 혼자라는 것에 집중합니다.

타인의 시선도 그렇지만, 내가 나를 보는 시선도 그렇습니다. 그리고 그것이 의식이 되고 삶의 기준이 되는 순간, 비참한 아픔에도, 굴욕적인 슬픔에도 괜찮은 척을 하게 되지요. 때때로 나는 이것을 완전히 즐기는 것처럼 메소드 연기를 하기도 합니다. 그러나 앞서 이야기했지만, 개인의 존재가 완벽해져도 더 외로운 법입니다.

그렇다면 혼자로서 지금까지 그대가 소유한 것은 무엇인가요? 추구하고 있는 것은 무엇인가요? 수많은 일? 화려한 업적? 또 앞으로의 계획들? 그러나 우리의 우주적 공통점인 성경을 보면, 그것은 바람을 잡는 것과 같은 것입니다.

내가 해 아래서 행하는 모든 일을 보았노라
보라 모두 **다 헛되어 바람을 잡으려는 것이로다**

전도서 1장 14절

내가 또 본즉 사람이 모든 수고와
모든 재주로 말미암아 이웃에게 시기를 받으니
이것도 헛되어 바람을 잡으려는 것이로다

전도서 4장 4절

이 땅에서 가장 지혜롭다는 솔로몬이 이야기합니다. 인간이 땅에서 수고하는 일과 관계와 계획, 그 모든 것은 다 바람을 잡는 것같이 〈허무〉하다는 것입니다. 잔인한 이야기지만, 하나님이 인간을 그렇게 만드셨습니다. 앞으로도 혼자로서 그대가 이것들을 추구한다면, 바람을 잡는 것같이 허무한 결과들만 있을 것입니다.

그렇다면 무엇을 추구해야 할까요? 혼자로서 그대가 소유한 것은 무엇인가요? 조금 철학적인 이야기지만, 혼자로서 그대가 가진 것은 오직, 〈나〉입니다. 그대는 나라는 존재를 완전히 〈소유〉한 것입니다. 이것은 지금부터 그대가 집중해야 하는 감정이자 의미입니다. 결론적으로 이야기하면, 혼자라는 존재가 온전한 나를 소유할 수 있다면, 꽤 멋진 삶을 살아가는 것입니다. 인생에 있어서 나를 소유한 나는 얼마나 풍요로운지 모르겠습니다.

혼자이기에 더 집중할 수 있는 것은 사실, 타인의 시선이 아닙니다. 혼자이기에 더 집중할 수 있는 것은 나의 존재입니다. 나의 외모, 나의 몸매, 나의 직업, 나의 감정, 나의 방향 그리고 나의 신앙입니다. 사실, 연애를 하고 결혼을 하면, 나를 소유하기가 여간 힘든 것이 아닙니다. 나의 외모, 몸매, 직업, 감정, 방향이 지금 내가 원하는 충분한 모양임에도 불구하고 나의 연인, 나의 배우자로 인해서, 변해야 할 때도 있습니다. 또한 지금의 내가 느끼는 나의 외모, 몸매, 직업, 감정, 방향이 꽤 불만족스러워서 더 투자하고 더 집중하고, 발전시키려 해도 나의 연인 혹은 나의 배우자로 인해서, 참아야 할 때도 있습니다. 또 무시당할 때도 있지요. 그리고 나를 제거한 채, 상대의 모든 것을 알아봐주어야 할 때도 있습니다. 상대방 때문에, 스스로 나를 제거한다는 것은 그리 아름다운 것은 아닙니다. 어렵기도 하고 서럽기도 한 것입니다.

그러나 그대는 혼자입니다. 그렇기에 나의 존재로부터 나오는 아우성을, 가장 깊은 청력으로 청종할 수 있습니다. 이런 시간은 참으로 귀한 것입니다. 그대가 결혼을 한다는 대전제로 이야기한다면, 이런 시간은 그대의 평생에 가장 〈고결〉하고 〈풍요로운 시간〉이 되는 것입니다. 그 시간의 가치는 값으로 환원할 수 없습니다. 동전과 지폐의 숫자로 표현할 수 없는 그 가치가, 그대의 시간과 분과 초마다 만나와 메추라기처럼 떨어져 있는 것입니다. 그대의 머리와 어깨, 가슴과 허리 그리고 입과 눈과 손과 발에 부스러기같이 떨어져 있는 것입니다. 타는 듯한 외로움으로 광야를 지나가고 있지만, 그 맛은 달콤한 과자 같은 맛인 것입니다. 광야를 충분히 잊어버릴 만큼.

나를 사랑하는 법

그리스도인이라면 모두가 좋아하는 성경 구절이 있습니다. 바로 "하나님 사랑과 이웃 사랑"이라는 명제입니다.

… 첫째는 이것이니

이스라엘아 들으라 주 곧 우리 하나님은 유일한 주시라

네 마음을 다하고 목숨을 다하고 뜻을 다하고 힘을 다하여

주 너의 하나님을 사랑하라 하신 것이요

둘째는 이것이니

네 이웃을 네 자신과 같이 사랑하라 하신 것이라

이보다 더 큰 계명이 없느니라…

마가복음 12장 29-31절

이 본문은 모두가 좋아하는 본문임에 틀림없습니다. 그 이유는 어떤 이견 없이 모두에게 유익이 되는 가르침이기 때문입니다. 그러나 이 말씀에서 예수님은, 모두가 좋아하고 동의하는 정사각형의 계명을 주신 것이 아닙니다. 예수님은 모두가 적용할 수 있고 되돌아보아야 할 원형으로서의 원리를 주신 것입니다. 그것을 조금 더 구체적으로 확대해서 봅시다.

"둘째는 이것이니 네 이웃을 네 〈자신과 같이〉 사랑하라 하신 것이라 이보다 더 큰 계명이 없느니라" 이 말씀이 아름다운 것은 역순의 문법과 역순의 적용에 있습니다. 이 역순의 문장을 직선으로 나열해서 봅시다. **"너 자신을 사랑하는 것같이 이웃을 사랑하라"**입니다. 예수님의 이 가르침에는 문자의 표면으로 드러난 것 이상의 내면적 의미가 있습니다.

그것은 "이웃을 사랑하기" 전에, 먼저 "나 자신을 사랑하는 법"입니다.

나 자신을 사랑하는 방법이, 이웃을 사랑하는 법칙이 되는 것입니다. 이 두 가지는 정방향과 역방향이 같이 맞물리는 톱니바퀴입니다. 그래야만 참된 방향으로 전진할 수 있는 것입니다. 그래서 그대에게 먼저 묻습니다. 혼자로서 그대는 나라는 존재를 사랑합니까? 어떤 방법으로 사랑합니까? 내가 나를 사랑하는 방식은 어떤가요?

그대가 나라는 존재를 사랑하는 방식이, 허기진 위장에 시린 소주를 붓는 방식은 아닌지 생각해보아야 합니다. 굶주린 식욕으로 씹어 먹으면 먹을수록 속은 아프고, 비틀거리고, 결국은 동네 모퉁이에 누워 자는 방식 말입니다. 나라는 존재를 사랑하는 방식이 건강하지 못하다면, 그것은 결국 빗나간 자기 사랑의 결과가 될 뿐입니다. 그렇기에 혼자로서 나를 사랑하는 방식은 무엇보다 중요합니다.

혼자로서 내가 성욕이 끓어오른다고 칩시다. 그것을 채우기 위해 야동과 자위행위 그리고 성매매 업소에 가는 것은, 결코 나를 사랑하는 방식이 아닙니다. 혼자로서 내가 수면욕이 넘쳐흐른다고 칩시다. 그것을 채우기 위해 새벽 늦게까지 놀고, 점심이 지나서 멍청한 얼굴로 일어나는 것은, 결코 나를 사랑하는 방식이 아닙니다. 혼자로서 내가 식욕이 충만하게 일어난다고 칩시다. 그것을 채우기 위해, 삼시 세

끼 모두 혀의 욕구로만 음식을 선택하는 것은 결코 나를 사랑하는 방식이 아닙니다. 그대가 나를 사랑하는 방식이 빗나간 방법은 아닌지 생각해보아야 합니다.

〈나를 사랑하는 방법〉은 나라는 존재에 대한 철저한 공부와 이해가 필요합니다. 그것은 또한 필수적으로 사람과 세상에 대한 이해를 필요로 합니다. 무엇보다 성경에서 인간에 대해 어떻게 이야기하고, 나라는 존재를 어떻게 창조했는지, 왜 창조했는지 골똘하게 고민해보아야 합니다. 그래야 조금 보일 것입니다. 아름답게 나를 사랑하는 방법이 어떤 것인지를요. 그래서 인간에게는 한 조각의 욕망보다 철학이 중요하고, 두 조각의 정욕보다 상식이 더 중요한 법입니다. 그리고 무엇보다 〈하나님을 아는 지식〉이 중요합니다. 왜냐면, 〈나〉라는 존재는 굶주린 것을 채우기만 하면 꼬랑지를 흔들어 대는 짐승이 아니기 때문입니다.

거울 보기

아주 이상한 요구이지만, 저는 그대가 참으로 진지하게 〈거울 보기〉를 추천합니다. 물론 응당 사람이라면, 세안을 할 때, 화장을 할 때, 옷을 입을 때 거울을 매일 보겠죠? 그러나 이런 물리적 의미에서 거울을 보는 것은, 타인의 모습에 비추어 나의 표면을 보기 위해서일 것입니다.

지금 제가 말하는 〈진지한 거울 보기〉는 그런 것이 아닙니다. 하나님의 형상과 질료를 가진 〈나〉라는 고유한 존재가, 어떤 존재인지를 보기 위해서 거울을 봅시다. 30년을 살아온 얼굴과 몸을 천천히 봅시다. 그런 거울 보기를 할 때, 분명 여러 생각이 들 것입니다. 또 보기 싫을 수도 있습니다. 타조의 회피본능처럼, 자신의 머리만 파묻어버리는 행위를 할 수도 있겠죠. 그러나 절대로 〈회피〉하지 말고 천천히 그대의 얼굴과 몸을 봅시다. 그대와 내가 우주적인 공통점으로 묶여 있는 그리스도인이라면, 분명 거울 속에 비친 그대는 하나님의 형상과 질료를 담은 존재입니다.

그대의 모습은 어떤가요? 그대의 존재는 어떤가요? 고맙지 않습니까? 눈물 나게 기특하지 않습니까? 또 엄청나게 자랑스럽지 않습니까? 그 모진 시간을 살아온 그대의 존재가, 그대의 이름이. 그리고 천천히 나를 만드시고, 나에게 자신의 생기를 불어 넣어주신 분의 시선으로 나를 봅시다.

그대는 정말 사랑스러운 존재입니다. 시린 세상 읽기는, 나라는 존재를 내가 가지고 있는 소유로 점수를 매깁니다. 그리고 나라는 가치를 무엇을 할 수 있는지, 조건절로 점수를 매깁니다. 그래서 "~을" 하면 더 인정해주고 칭찬해주고 사랑해줍니다. 그런 방식에 길들여진 우리는 신앙생활도 이렇게 접근합니다. 하나님 앞에서 조건절을 세웁니다. "~을"

한다면 하나님이 나를 인정해주고 칭찬해주고 사랑해준다고 생각하죠. 그러나 기독교의 위대함과 우아함은 이런 조건절에 있는 것이 아닙니다. 하나님은 그대를, 그 자체를 사랑하십니다.

사실 그리스도인의 1인 감정을 연구하고 논하면서, 우리가 정말 잊어버리기 쉬운 감각은 나라는 존재의 무게감입니다. 나는 그 자체로 사랑받기에 충분한 사람입니다. 적어도 우리의 우주적 공통점인 〈그리스도인〉이라면, 이 사실을 복음으로 믿는 것입니다. 특별하게 무엇을 하지 않아도 사랑하시고, 어색하게 감정을 속여 견디지 않아도, 하나님은 그대를 온 마음을 다해 사랑하십니다. 이것이 얼마나 위대하고 우아한 사실입니까. 그리스도인의 〈자존감〉은 여기에서부터 시작하는 것입니다. 나를 사랑하는 방법도 여기에서부터 시작하는 것입니다.

이 세상은 그대가 많은 것이 부족하다고 합니다. 그것이 외모든, 몸매든, 경력이든, 스펙이든, 돈이든 말입니다. 그래서 결국 그대가 이미 충분한 〈나〉라는 존재라는 사실을 망각하게 함으로, 꽤 불쌍하고 쓸쓸한 〈혼자〉라고 이야기해줍니다. 그러나 하나님은 이미 충분하다고 합니다. 어떤 조건절을 갖추지 않아도, 혹 그 조건절로 하나님 앞에 서지 않아도 말입니다. 그대는 〈혼자〉가 아닌 하나님과 함께 있는 〈나〉라고 말해줍니다. 어떤 소리에 귀를 기울일지는 그대의 선택입니다. 어떤 것을 선택했는지에 따라, 결과는 상당한 차이가 있습니다.

하나님의 소리에 귀를 기울여라

저는 그대가 당연히 〈하나님의 소리〉에 귀를 기울일 것이라 생각합니다. 그렇기에 **타인이 그대에게 말하는 〈부족함〉을 채우기 위한 나라는 존재로 만들지 않기를 바랍니다. 하나님이 그대에게 요구하는 지점을 〈순종함〉으로 나라는 존재를 채우길 간절히 바랍니다.**

이 두 가지는 비슷한 형태지만 완전히 다른 차원입니다. 이 땅은 나라는 존재에게 자기개발이라는 이름으로, 여러 가지를 발전시키라고 말합니다. 상당히 논리적으로 말입니다. 그러나 그 이야기에 묻어 있는 말끝은 결국 네가 완전하게 되어, "신이 되어라_"라는 요구입니다. 태초에 선악과의 유혹과 비슷하죠. 그러나 주님이 주시는 음성은 그렇지 않습니다. 나를 개발하기보다는, 내가 걸어가야 하는 길을 보여줍니다. 그리고 그 음성에 순종할 때 나라는 존재를 그분이 만들어가시는 것입니다. 그렇기에 정말 중요한 것은 "무엇이 나의 기준"인지, "무엇이 나의 주인"인지를 결정하는 것입니다.

그대가 혼자로서 광야에 있다는 생각이 든다면, 정말로

그분의 음성에 귀를 기울이길 바랍니다. 그분은 여전한 음성으로 그대에게, 어떻게 살고, 무엇을 하고, 어디로 가야 할지를 보여주실 것입니다. 그 음성으로 시작하는 나의 첫걸음은 질적인 차이를 가지며 위대하다고 할 수 있습니다. 아버지를 떠나 어떤 이는 탕자가 되지만, 아버지를 떠나 어떤 이는 아브라함이 되는 것 같이요. 그런 아브라함의 걸음은 혼자였지만, 혼자가 아니었습니다. 그분의 은혜와 음성이 75세의 노인에게도 함께 있었던 것입니다.

예수님도 마찬가지입니다. 그분은 우리와 다른 문법을 가지고 있습니다. 그분은 많은 무리, 군중, 그런 사람들에 둘러싸여 있지만, 생의 마지막에는 철저하게 혼자셨습니다. 그러나 그분은 혼자셨지만, 결코 작아지지 않습니다. 그리고 이런 말을 하시지요.

보라 너희가 다 각각 제 곳으로 흩어지고
나를 혼자 둘 때가 오나니 벌써 왔도다
그러나 내가 혼자 있는 것이 아니라
아버지께서 나와 함께 계시느니라

요한복음 16장 32절

예수님은 신이기에 외로움을 몰랐을까요? 예수님은 완전한 신이기에, 그분은 외로움을 모르는 것이 아니라, 그분은 완전한 인간이기에 더욱 외로움을 알고 있습니다. 아니, 그분은 당시의 그 어떤 사람보다 더 외로움을 느끼셨고, 얼큰한 쓸쓸함에 취하여 비틀거리셨던 분입니다. 어쩌면 그래서 당시 사회에서 소외된 약자와 소인들에게 더욱 다가가셨는지도 모릅니다.

그러나 참 재미있는 것은, 그분은 혼자라는 외로움에 함몰되지 않으십니다. 그리고 오히려 그 지점에서 아주 놀라운 이야기를 합니다.

"나는 아버지와 함께 있다_"

요한복음 16장 32절의 이야기를 조금 더 쉽게 표현하면, "너희는(제자들) 다 뿔뿔이 흩어지고 나를 혼자 둘 것이다. 그러나 나는 혼자가 아니다. 나는 아버지와 함께 있다"입니다. 시스템으로 성경을 읽는 습관에 길들여져 있으면, 이 말씀은 특별한 감격과 감동이 오지 않을 것입니다. 그러나 예수가 우리와 동일한 사람이라고 생각한다면, 이 말은 전에 없던 새로운 언어가 되는 것입니다. 마치 예언자와 같은 문법으로 "자신의 외로움을 해석하고, 자신의 홀로됨을 긍정하는 것"입니다.

이 글을 읽는 그대가 오해하지 말아야 할 것이 있습니다. 그것은 예수님이 스스로 싸구려 위로를 하는 것이 아니라는 것입니다. 예수님 스스로 저렴한 자기 연민으로, 자신의 외로움을 보듬고 있는 것이 아닙니다. 그분은 성경에서 하나님의 사람들이 불량한 시대를 역전했던 전사의 발자국으로 이야기하는 것입니다. 황량한 시대에 봄의 역사를 선구했던 그 확신으로 이야기하는 것입니다.

"아버지가 나와 함께 있다_"

그분은 어설픈 긍정의 힘과 자기 암시로 십자가를 진 것이 아닙니다. 하나님이 함께하시니, 십자가 지는 공포를 거룩한 사명으로 받아들이겠다는 것입니다.

그대는 혼자입니까? 그래서 외로움에 함몰되었습니까? 그대는 혼자라서 아무것도 하지 못할 것 같습니까? 그대와 내가, 우주적 공통점인 그리스도인이라면, 한 가지를 결코 잊지 말아야 합니다. 그런 생각은 하나님이 주시는 생각은 아니라는 것입니다. 그리고 또 한 가지 명심해야 할 것이 있습니다. 그것은 가장 위대한 십자가는 홀로 감당했다는 것입니다. 혼자는 아무것도 할 수 없다는 말은, 이론상은 맞는 말입니다. 그러나 그리스도인으로서는 전혀 맞는 말이 아닙니다. 혼자이기에 그리스도인은 가장 위대한 십자가도 질 수 있는 것입니다. 그대가 시대의 예언자들이 그토록 갈망했던 하나님을 소유한 혼자라면, 말입니다.

그대는 〈혼자〉가 아닙니다. "혼자로서 나와 혼자로서 하나님 아버지를 온전히 소유할 수 있는 사람이면, 결코 혼자가 아닙니다." 성경을 보면 그런 사람들은 혼자 있었지만, 〈나〉라는 존재로서 있었던 사람입니다. 그런 존재는 골리앗을 이길 수 있는 것입니다. 그런 존재는 홍해를 가를 수 있는 것입니다. 그런 존재는 본토 친척 아버지의 집을 떠나 약속의 땅을 받는 것입니다. 무엇보다 가장 위대한 십자가를 지는 것입니다.

그러니 그대여, 혼자로서 아무것도 할 수 없다고 이야기하지 맙시다. 그것은 가장 믿음 없는 말입니다. 그대의 홀로의 감정을 하나님께 온전히 드리기를 바랍니다.

닫으며

혼자 있는 이들을 위해 감히 책을 썼지만, 여전히 혼자 있는 이들의 슬픔의 내력에 대해서 위로할 자신은 없다. 그래서 이 책이 마무리될 때쯤 나의 생각은 만삭이 된다. 혹여라도 내가 더 아프게 한 것은 아닌지, 내가 더 괴롭힌 것은 아닌지 소심한 걱정들이 마음을 가린다. 물론, 이 책으로 도움을 받는 이들도 있을 것이다. 그것을 알면서도 이 책으로 말미암아 어떤 것이 잉태될지, 사실 두려움이 더 크다. 그러나 이 책은 이미 나를 떠났다. 떠난 책은 사람과 같이 완전한 생명이 되어, 자기의 길을 걷는다. 그것이 운명이니 받아들여야겠다. 필자는 죽고 독자는 끊임없이 탄생하는 법이니, 더 많은 사람에게 유익이 되길 바랄 뿐이다.

혼자 있는 이들을 깊이 관찰했다. 물론, 가장 깊이 관찰하게 된 대상은 나였다. 더 구체적으로 표현하자면 나의 과거였다. 사실 오랜 시간 나는 외롭고 괴로웠다. 문자로 표현하기 힘든 아픔을 경험한 적이 있다. 그것은 나와 타인과의 관계, 나와 나 자신과의 관계 때문이었다. 그래서 나는 자주 혼자였고 매번 홀로였다. 그러나 책을 만들며, 과거의 나와,

나의 과거의 자간과 행간 사이를 읽었다. 그 사이에, 존재로서 하나님은 함께하셨고, 그 스산한 시간 동안 내내 함께하셨음을 깨달았다. 초막이나 궁궐이나, 내 주 예수 모신 곳이 하늘나라였다.

괴로운 시간을 잘게 부수어 먹으며 깨달은 것이 있다. 내가, 나로 될 수 있는 과정은 상당히 매력적이라는 것이다. 내가, 나 자신이 되는 일의 매혹과 고통은 언제나 삶의 굵직한 주제다. 나를 취하게 하는 달큰한 복음은 여기에 있었고, 그 진리는 눈이 부셨다. 그렇기에 나는 주저하지 않고 이 복음을 마셔 비틀거렸고, 이 진리에 눈이 멀어 맹인이 되었다. 혼자로서 나에게 주어진 모든 현실을 받아들였다. 그리고 현실과 실현을 받아들일 때마다 매우 아팠고 절망적이었다. 그러나 그럴수록 나는 더욱 선명한 내가 되더라. 한 개인은 자기 발견의 길 입구에서 반드시 쓰러짐을 경험하더라. 그러니 어쩌면 절망, 그것은 나를 볼 수 있는 참된 입구이겠다. 정직한 절망의 바위에서 살아 있는 손톱이 다 부서지도록 희망 긁어, 눈에 바를 수 있어야 한다. 그렇게 눈에 붙어버린 희망은, 발바닥을 자르는 개 작두에서도, 자신의 길을 걷게 한다. 나의 길은 있다고. 그것이면 나는 혼자여도 충분하다. 성경이 말하는 복음의 진수는 여기에 있는 것 아니겠는가.

혼자

초판 1쇄 발행 2020년 6월 15일

지은이 김일환

펴낸이 여진구
책임편집 안수경 최은정
편집 이영주 김윤향 최현수 김아진 정아혜
책임디자인 노지현 조은혜 | 마영애 조아라
기획 · 홍보 김영하 **해외저작권** 기은혜
마케팅 김상순 강성민 허병용 **마케팅지원** 최영배 정나영
제작 조영석 정도봉 **경영지원** 김혜경 김경희

303비전성경암송학교 유니게과정 박정숙 최경식
이슬비전도학교 / 303비전성경암송학교 / 303비전꿈나무장학회 여운학

펴낸곳 규장

주소 06770 서울시 서초구 매헌로 16길 20(양재2동) 규장선교센터
전화 02)578-0003 **팩스** 02)578-7332
이메일 kyujang0691@gmail.com **홈페이지** www.kyujang.com
페이스북 facebook.com/kyujangbook **인스타그램** instagram.com/kyujang_com
카카오스토리 story.kakao.com/kyujangbook
등록일 1978.8.14. 제1-22

책값 뒤표지에 있습니다.
ISBN 979-11-6504-087-1 03230

규 | 장 | 수 | 칙

1. 기도로 기획하고 기도로 제작한다.
2. 오직 그리스도의 성품을 사모하는 독자가 원하고 필요로 하는 책만을 출판한다.
3. 한 활자 한 문장에 온 정성을 쏟는다.
4. 성실과 정확을 생명으로 삼고 일한다.
5. 긍정적이며 적극적인 신앙과 신행일치에의 안내자의 사명을 다한다.
6. 충고와 조언을 항상 감사로 경청한다.
7. 지상목표는 문서선교에 있다.

하나님을 사랑하는 자 곧 그의 뜻대로 부르심을 입은 자들에게는 모든 것이 合力하여 善을 이루느니라(롬 8:28)

규장은 문서를 통해 복음전파와 신앙교육에 주력하는 국제적 출판사들의 협의체인 복음주의출판협회(E.C.P.A:Evangelical Christian Publishers Association)의 출판정신에 동참하는 회원(Associate Member)입니다.